# LE
# BREVIARIUM ROMANUM

SUR VÉLIN

## DE NICOLAS JENSON

APPARTENANT

A LA BIBLIOTHÈQUE SAINTE-GENEVIÈVE.

# LE
# BREVIARIUM ROMANUM

## SUR VÉLIN

## DE NICOLAS JENSON

APPARTENANT

## A LA BIBLIOTHÈQUE SAINTE-GENEVIÈVE.

PAR

### CHARLES RACINET,

AVOUÉ PRÈS LE TRIBUNAL CIVIL DE PREMIÈRE INSTANCE
DE LA SEINE, ET DU MINISTÈRE
DE L'INSTRUCTION PUBLIQUE ET DES CULTES.

PARIS

IMPRIMÉ CHEZ BONAVENTURE ET DUCESSOIS,
55, QUAI DES AUGUSTINS.

Novembre 1858

# LE
# BREVIARIUM ROMANUM

## SUR VÉLIN

## DE NICOLAS JENSON

### APPARTENANT

### A LA BIBLIOTHÈQUE SAINTE-GENEVIÈVE.

---

## CHAPITRE PREMIER

### LA LETTRE DE M. DESCHAMPS. — LE DÉSAVEU DE M. SOLAR.

---

Dans l'écrit de la *Revendication des livres, estampes et autographes appartenant à la Bibliothèque impériale et à la Bibliothèque Sainte-Geneviève*, que j'ai publié au mois d'août 1858, je n'ai consacré que quelques lignes au magnifique exemplaire du *Breviarium Romanum*, imprimé sur vélin par Nicolas Jenson, à Venise, en 1478, appartenant à la Bibliothèque Sainte-Geneviève, et saisi-revendiqué au domicile de M. Solar. Le droit de propriété de la Bibliothèque Sainte-Geneviève avait été reconnu *irrévocablement,* au nom de M. Solar, par M. Pierre

Deschamps, dans une lettre datée de 3 mars 1858, imprimée page 43. J'avais dû penser qu'une discussion sur ce point était inutile, et que la justification d'un droit de propriété non contesté et *irrévocablement* reconnu était sans objet. Je m'étais trompé sur la valeur de la lettre de M. Deschamps ; un fait nouveau, survenu depuis la publication de mon écrit, a complétement détruit mon illusion. M. Solar désavoue *judiciairement* M. Deschamps, et conteste le droit de propriété de la Bibliothèque Sainte-Geneviève. Le débat s'engage à nouveau, je rentre donc dans l'arène, armé de toutes pièces, pour combattre les prétentions actuelles de M. Solar et justifier le bon droit de la Bibliothèque Sainte-Geneviève.

Avant d'entrer dans la discussion de la contestation soulevée par M. Solar, il est nécessaire d'expliquer comment la lettre de M. Pierre Deschamps a pu me faire illusion, comment j'ai pu et dû croire à la reconnaissance *irrévocable* du droit de propriété de la Bibliothèque Sainte-Geneviève, résultant des termes de cette lettre.

Après la saisie-revendication des livres, estampes et autographes désignés dans les deux catalogues de la vente Chavin de Malan, j'étais convaincu que tous les livres volés par M. Chavin de Malan n'avaient pas été retrouvés. Je m'entourai de renseignements, et j'appris bientôt qu'antérieurement à la publication des catalogues, M. Demichelis avait vendu des livres (les plus beaux et les plus précieux) à des amateurs habitant Paris. Le nom de M. Solar fut cité, et on me donna pour certain que je trouverais chez M. Solar de très-beaux livres provenant de la Bibliothèque Sainte-Geneviève. Je fis connaître à M. le Ministre de l'instruction publique les indications qui m'avaient été fournies, et Son Excellence m'autorisa à faire immédiatement toutes démarches amiables auprès des acquéreurs des livres vendus par M. Demichelis.

J'allai chez M. Solar accompagné de M. Pinson, bibliothécaire à Sainte-Geneviève. M. Pinson m'avait précédemment prêté le plus utile concours pour la saisie-revendication des livres catalogués ; il était parfaitement au courant de l'affaire Chavin de Malan ; il savait reconnaître avec la plus grande sûreté un livre appartenant à la Bibliothèque Sainte-Geneviève. Nous attendîmes assez longtemps l'arrivée de M. Solar. Introduits auprès de lui, nous lui fîmes connaître l'objet de notre visite. M. Solar reconnut : 1° que M. Demichelis avait vendu pour lui à M. Deschamps un nombre considérable de livres précieux ; 2° que le choix de ces livres avait été fait par M. Deschamps, lequel avait toute sa confiance et était chargé par lui de faire ses achats de livres ; 3° qu'il ne pouvait nous indiquer quels livres avaient été achetés ; 4° et que, dans cette affaire, son rôle s'était uniquement borné au payement de la facture de M. Demichelis.

M. Solar nous déclara en outre qu'il n'entendait pas faire d'opposition à la vérification que Son Excellence m'avait chargé de faire ; il me demanda de lui laisser ma carte, ce que je fis, afin que M. Deschamps pût venir me voir et se concerter avec moi sur la réclamation que je venais de formuler au nom de la Bibliothèque Sainte-Geneviève.

Le 13 février 1858, le lendemain de cette visite, M. Deschamps m'écrivit la lettre suivante : « Mon « cher avoué, M. Solar vient de m'écrire un mot « relativement aux réclamations de la Bibliothèque « Sainte-Geneviève; ces réclamations sont fondées « et nous sommes prêts à nous incliner devant le « droit. J'irai du reste en causer avec vous demain, « vers midi. Mille amitiés. Signé P. DESCHAMPS. »

M. Deschamps vint me voir, comme il me l'avait promis. Je causai avec lui de l'affaire et l'engageai à rendre visite à M. Pinson, à la bibliothèque Sainte-Geneviève, et à se concerter avec lui. M. Deschamps alla voir M. Pinson, se mit d'accord avec lui, et lui donna la liste des livres vendus par M. Demichelis.

Cette liste est tout entière écrite par M. Deschamps.

M. Pinson vérifia cette liste avec les catalogues de la Bibliothèque Sainte-Geneviève, et reconnut que la presque totalité de ces livres appartenaient à la Bibliothèque Sainte-Geneviève.

Un jour fut alors pris, d'accord avec M. Deschamps, pour la vérification des exemplaires et la saisie-revendication au domicile de M. Solar.

Le 19 février 1858, je me rendis avec M. Pinson et un huissier chez M. Solar, à son hôtel, rue Saint-Georges, n° 3, pour procéder à cette vérification et à la saisie.

M. Deschamps nous reçut chez M. Solar, et en l'absence de ce dernier, il nous conduisit dans la bibliothèque, donna les ordres nécessaires aux domestiques, et nous fit voir successivement chacun des livres vendus par M. Demichelis.

M. Solar fils assista à une partie de notre opération. L'examen de ces livres étant achevé, il fut procédé à la saisie-revendication de ceux des livres qui furent reconnus *contradictoirement* être la propriété de la Bibliothèque Sainte-Geneviève.

Il ne s'éleva de discussion que pour la saisie-revendication du *Breviarium Romanum*. M. Deschamps prétendit que les énonciations des catalogues de la Bibliothèque Sainte-Geneviève étaient insuffisantes pour justifier le droit de propriété réclamé, que la carte qui lui fut montrée ne constatait pas que ce livre avait appartenu à saint Charles Borromée, et que cette possession était d'une telle importance qu'elle aurait dû être nécessairement indiquée sur les cartes et dans les catalogues.

Les objections faites par M. Deschamps me parurent sans fondement, le livre réclamé était incontestablement, pour moi, le livre de la Bibliothèque Sainte-Geneviève, aussi fut-il saisi-revendiqué malgré les observations de M. Deschamps.

Dans le procès-verbal qui fut dressé par l'huissier, M. Deschamps prit la qualité de bibliothécaire de M. Solar ; *il fut constitué gardien judiciaire* des livres revendiqués.

C'était le 19 février que la saisie avait eu lieu ; le 3 mars suivant, quatorze jours après, M. Deschamps écrivit à M. Pinson la lettre qui a été imprimée dans l'écrit *de la saisie-revendication des livres, estampes et autographes appartenant à la Bibliothèque impériale et à la Bibliothèque Sainte-Geneviève*, page 43, et dont on ne rapportera ici que les phrases suivantes :

*Je vous abandonne purement et simplement le Bre-*
*viaire de saint Charles Borromée.*

*Après de longues recherches, j'ai acquis la malheu-*
*reuse preuve irréfragable que mes prétentions n'étaient*
*pas fondées, et que deux lignes maudites me condam-*
*naient aussi irrévocablement que la note de Dibdin*
*l'Homère de Salviati*[1].

La lettre de M. Deschamps n'avait pas été écrite
à la légère : il avait pris quatorze jours pour faire
de longues recherches ; il avait travaillé la question ;
il avait pesé le pour et le contre, et ne s'était prononcé
qu'après de sérieuses réflexions. *Il avait même vu*
*M. le Ministre de l'instruction publique, qui l'avait*
*accueilli avec une extrême bonté, et avait daigné*
*approuver sa façon d'agir dans cette malheureuse*
*affaire.*

M. Deschamps n'était point seulement pour nous
le bibliothécaire de M. Solar et son mandataire
public, chargé de ses achats de livres, il était en
outre un sérieux connaisseur de beaux livres et un
bibliographe très-érudit.

Dans les ventes publiques et dans le commerce
de livres, M. Deschamps est connu pour être le représentant de M. Solar ; c'est là un fait notoire à Paris
et même à Augsbourg. Lors de la vente faite dernièrement dans cette dernière ville, par la Bibliothèque royale de Munich, de quelques doubles de ses
livres précieux, M. Deschamps a acheté pour M. Solar un exemplaire imprimé sur vélin du *Catholicon*

---

[1] Allusion à l'*Homère* sur vélin d'Alde, 1504, saisi chez M. Didot
et décrit par Dibdin. (Voir notre écrit cité plus haut, page 36 et
suivantes.)

de 1460[1], moyennant 9,500 francs. Dans un article inséré dans *le Constitutionnel* du 7 juin 1858, et plein d'une fine raillerie à l'adresse des bibliothèques publiques, et de la Bibliothèque Sainte-Geneviève en particulier, M. Deschamps a rendu compte de son voyage à Augsbourg et de la vente des livres de la Bibliothèque royale de Munich. « Ce livre, dit-il « en parlant du *Catholicon*, fait aujourd'hui le plus « bel ornement de la riche bibliothèque d'un collec- « tionneur parisien[2]. »

M. Deschamps est l'auteur d'un écrit justement estimé : *Notice biographique et bibliographique sur Gabriel Peignot*. Paris, Techener, 1857. Ce livre est l'œuvre d'un habile bibliographe, d'un auteur qui a étudié et qui sait. La science bibliographique ne s'improvise pas, elle s'apprend longuement et diffi- cilement ; c'est le résultat de travaux sérieux et d'études incessantes. M. Deschamps a beaucoup travaillé son ouvrage sur Peignot, aussi a-t il fait un bon livre. Le sujet qu'il avait choisi était d'ailleurs très-heureux. Gabriel Peignot est un illustre maître

[1] Summa que vocatur Catholicon edita a fratre Johanne de Janua, ordinis fratrum predicatorum.—Au recto du 374e et dernier feuillet, seconde colonne, se trouve la souscription suivante que nous donnons en partie :
..... Hic liber egregius Catholicon, Dominice Incarnacionis annis m cccc lx alma in urbe Maguntina..... non calami stili aut penne suffragio, sed mira patronarum formarum que concordia, proporcione et modulo impressus atque confectus est.
Ce livre, sans nom d'imprimeur, a été attribué à Guttemberg. M. Auguste Bernard, dans son ouvrage *De l'Origine et des débuts de l'Imprimerie en Europe*, (Paris, Imprimerie impériale, 1853), cri- tique cette attribution et pense qu'il a été imprimé par Henri Bechtermuntze, tome II, page 4 et suivantes.

[2] Phrase textuelle de M. Deschamps, dans l'article du *Constitu- tionnel*.

en bibliographie. M. Deschamps le compare avec raison à Jacques-Augustin de Thou, Gabriel Naudé, l'abbé Bignon, La Monnoye, Mercier de Saint-Léger, De Bure, van Praët, Charles Nodier et Brunet. La gloire de Peignot est incontestable; les prix très-élevés que tous ses nombreux ouvrages atteignent aujourd'hui dans les ventes publiques sont la preuve de son mérite et de son importance littéraire et scientifique. M. Deschamps ne pouvait donc prendre un meilleur maître pour un travail bibliographique; mais le sujet était difficile à traiter, car il importait que l'élève fût digne du maître; il était nécessaire que, comme le maître, l'élève fût sérieux et profondément instruit. M. Deschamps a savamment marché sur les traces de Peignot; son livre est bien fait, rempli de documents intéressants et vrais. Il est estimable et justement estimé; il a obtenu enfin un légitime succès qu'il méritait à tous égards.

C'est ainsi que nous connaissions M. Deschamps comme bibliophile très-distingué, aimant avec science et intelligence les beaux livres, connaissant leur rareté et appréciant sûrement leur valeur. Nous le connaissions en outre comme un bibliographe très-érudit, ayant beaucoup travaillé, sachant bien et ne se trompant pas, parce qu'il n'agit pas à la légère, parce qu'il a utilement appris et heureusement retenu. Aussi notre étonnement a été grand quand nous avons appris *judiciairement* que M. Deschamps était désavoué par M. Solar, et cela par le motif que M. Deschamps n'était pas le mandataire de M. Solar, et en outre parce que la lettre du 7 mars 1858 avait été légèrement et étourdiment écrite.

**M.** Solar a sans aucun doute mal lu cette lettre; elle constate qu'il n'y a pas eu chez **M.** Deschamps de légèreté et d'étourderie. Il l'a réfléchie quatorze jours, il a soumis ses intentions à Son Excellence **M.** le Ministre de l'instruction publique, *il a été éclairé par de longues recherches, et il a été irréfragablement et irrévocablement convaincu.*

**M.** Solar prétend que **M.** Deschamps s'est trompé, mais il n'indique pas quelle est l'erreur commise, comment elle aurait pu se produire. C'est une allégation gratuite et vague que nous ne pouvons comprendre ni admettre de la part de personne et encore moins comme venant de **M.** Solar.

**M.** Deschamps ne s'est pas trompé, il était et est encore dans la vérité. Nous allons le démontrer, heureux dans cette circonstance de défendre **M.** Deschamps et de lui faire rendre la loyale justice qui lui est due.

Le désavœu de **M.** Solar est-il bien sérieux? ne serait-ce pas là une sorte de comédie jouée devant la justice?

Nous aimons à penser qu'il n'y a pas de comédie, cependant les faits qui se sont passés dernièrement chez **M.** Solar, lors d'une nouvelle saisie de livres opérée avec l'assistance de **M.** le commissaire de police; ces faits, dis-je, seraient bien de nature à donner une conviction contraire. **M.** Deschamps est resté le mandataire, le bibliothécaire, le représentant de **M.** Solar. C'est lui qui possède les clefs des bibliothèques, qui représente les livres, et qui consent expressément au nom de **M.** Solar, *comme son représentant,* à la saisie d'un livre.

Ce livre devait être seulement placé sous séques-
tre pour être ultérieurement saisi. Il appartenait à la
Bibliothèque Sainte-Geneviève, comme provenant
du legs de Charles-Maurice Letellier ; il figurait au
premier rang d'un rayon de bibliothèque, et il avait
été vu par toutes les personnes présentes au commencement de l'opération extra-judiciaire. Vers la fin, il
avait disparu, on l'avait caché derrière un rang de
volumes ; il a fallu l'intervention de M. le commissaire de police pour le faire représenter à l'huissier chargé de la saisie.

Ces derniers faits ont dû être exposés ; ils peuvent avoir leur importance décisive dans l'affaire.

# CHAPITRE II



Nicolas Jenson, né à Tours au commencement du xvᵉ siècle, y exerçait la charge de graveur et de directeur de la monnaie du roi Charles VII.

« Le iiiᵉ octobre m iiii lviii, le Roy ayant sceu que messire Guthemberg, chevalier demeurant à Mayence au païs d'Allemagne, homme adextre en tailles et de caractères de poinçons, avoit mis en lumière l'invention d'imprimer par poinçons et caractères ; curieux de tel trésor, le Roy avoit mandé aux généraux de ses monnoyes luy nommer personnes bien entendues à la dite taille pour envoyer au dit lieu secretement soy informer de la dite forme et invention, entendre, concevoir et apprendre l'art d'icelles ; à quoi fut satisfait au desir du Roy et par Nicolas Jenson fut entrepris tant ledit voyage, que semblablement de parvenir à l'intelligence dudit art et exécution d'iceluy audit royaume, dont premier a fait devoir dudit art d'impression audit royaume de France [1]. »

Un autre manuscrit ayant appartenu au libraire Mariette, et cité par **M.** de Boze dans un mémoire adressé à l'Académie des inscriptions, imprimé tome XIV, confirme ce fait. Cependant plusieurs auteurs qui ont écrit sur l'origine et l'histoire de l'imprimerie, MM. Paul Lacroix, Ludovic Lalanne, Edouard Fournier, ne placent la mission donnée à Nicolas Jenson qu'à la fin de 1461 ou au commencement de 1462.

Nous préférons la version des deux manuscrits.

Jenson alla à Mayence en 1459; il y demeura deux années et revint en France après la mort du roi Charles VII.

Le roi Louis XI avait succédé à son père à la fin de juillet 1461. Jenson alla se fixer à Venise en 1469. Les causes de cette expatriation ne sont point connues, et il est difficile d'expliquer autrement que par des conjectures les faits qui ont pu le déterminer à quitter sa patrie. Les premiers livres imprimés à Venise par Jenson portent la date de 1470. Le nombre des livres par lui imprimés de 1470 à 1481, époque de sa mort, s'élève à cent cinquante. Dans la plupart des souscriptions de ces livres, Nicolas Jenson fait connaître sa nationalité. *Nicolaus Jenson Gallicus. — Gallus Jenson Nicolaus. — Cui felix Gallica terra parens.*

Jenson se servit dans ses premières impressions

---

[1] Manuscrit de l'Arsenal, rapporté par M. Aug. Bernard dans son livre cité précédemment *De l'Origine de l'Imprimerie,* tome II, page 272.

de caractères romains remarquables par leur grâce et par leur perfection. Plus tard, vers 1475, il adopta les caractères gothiques, d'une grande supériorité sur ceux employés par ses devanciers.

Jenson fut comblé de faveurs. Le pape Sixte IV le nomma en 1475 comte palatin. « Il fut, dit M. Au-« guste Bernard, un des artistes les plus célèbres « dans les fastes de la typographie. Ses caractères « sont d'une grande beauté et ses impressions de vé-« ritables chefs-d'œuvre ; il donna le dernier degré « de perfectionnement à l'imprimerie. La forme de « ses caractères est celle que nous avons encore « aujourd'hui, sauf de légers changements intro-« duits par la mode, mais qui ne touchent pas au « fond [1]. »

En 1478, sous le pontificat du pape Sixte IV, Jenson imprima le *Breviarium Romanum* dont un exem-plaire sur vélin est aujourd'hui l'objet du procès entre la Bibliothèque Sainte-Geneviève et M. Solar.

Ce livre sans titre, commence après le calendrier de la manière suivante : « *Individue Trinitatis no-« mine invocate*, PSALTERII ORDO *juxta ritum quem* « *nunc Romana servat Ecclesia incipit:* » À la fin, et en rouge, on lit la souscription suivante :

« *Hujus operis corrector extitit Georgius de Spa-« thariis presbyterorum minimus. Impressor vero* « NICOLAUS JENSON GALLICUS, *hac nostra tempestate* « *impressorum princeps : Quod quidem opus im-« pressum in florentissima urbe Venetiarum est,* « *anno Domini* MCCCCLXXVIII, *Sisto IIII ponti-*

[1] Livre cité précédemment, tome II, page 192.

« *fice maximo, Rome Petri sedem regente, Andrea*
« *Vendramino inclyte principe Venetiis principante.* »

Le savant M. van Praët a consacré une très-intéressante notice à ce précieux livre, dans son ouvrage intitulé *Catalogue des livres imprimés sur
vélin de la Bibliothèque du Roi.* (Debure frères,
1822, 5 volumes, tome I<sup>er</sup>, pages 75, 76 et 77.)

Cette notice est comprise sous les art. 77 et 78 du
Catalogue.

M. van Praët donne à ce livre le titre de *Psalterium Romanum*, au lieu de *Breviarium Romanum*,
sous lequel il est communément désigné. Cela provient de ce que, dans la première phrase du livre,
on trouve ces mots que nous avons précédemment
cités : *Psalterii ordo.* Mais il n'y a pas de doute sur
l'identité du *Psalterium* et du *Breviarium.* **M.** Brunet, dans son *Manuel du Libraire*, fait connaître, au
mot *Breviarium Romanum*, qu'il s'agit d'un seul et
même livre.

M. van Praët, sous l'art. 77, indique que
l'édition est en lettres de sommes de deux sortes de
grandeurs, sans chiffres ni réclames, avec signatures
minuscules en place d'initiales et rubriques en rouge,
sur 2 colonnes de 48 lignes chacune, contenant
404 feuillets.

Les cinq premiers renferment le calendrier.

Le sixième commence au recto, première colonne,
par ces lignes en rouge que nous avons citées précédemment : *Individue Trinitatis*, etc.

Sur le recto, deuxième colonne de l'avant-dernier
feuillet, se trouve la souscription, aussi tirée en rouge :
*Hujus operis corrector*, etc., également citée plus haut.

**M.** Brunet constate qu'il a été imprimé dix exemplaires sur vélin du *Breviarium Romanum.*

**M.** van Praët indique où se trouvaient en 1822 ces dix exemplaires, réduits à neuf, ainsi qu'il l'explique lui-même.

La Bibliothèque impériale en possède deux : le premier désigné art. 77 et le second art. 78.

L'exemplaire désigné sous l'art. 78 a été acquis en octobre 1814; il est entièrement semblable à celui indiqué sous l'art. 77, à l'exception seulement du dernier feuillet, qui a été réimprimé dans les mêmes termes; mais la disposition et les abréviations de la souscription finale, *Hujus operis corrector*, etc., sont différentes. C'est identiquement le même livre, dont le dernier feuillet manquant a été remplacé par un autre réimprimé après coup.

Le troisième exemplaire est à la Bibliothèque Sainte-Geneviève. C'est, dit-il, un exemplaire orné, de la plus grande beauté, imprimé sur vélin d'agneau qui a vécu, ayant 343 millimètres (12 pouces 8 lignes) de hauteur.

Le quatrième est à la Bibliothèque du Vatican.

Le cinquième est chez les chanoines de Padoue.

Le sixième, chez les Bénédictins, à Catane.

Le septième, dans la bibliothèque de l'empereur d'Autriche, à Vienne.

Le huitième, dans la bibliothèque du roi de Saxe, à Dresde.

Le neuvième et dernier se trouvait, en 1817, chez **M.** Longman, libraire à Londres; il est désigné sous le n° 9228 du supplément de son catalogue.

Ce dernier exemplaire provient de deux exemplaires incomplets ayant appartenu à M. de Gaignat et au cardinal Léomenie de Brienne. De ces deux exemplaires incomplets, on en a fait un seul : celui appartenant à M. Longman.

# CHAPITRE III



---

La Bibliothèque Sainte – Geneviève est propriétaire d'un exemplaire sur vélin du *Breviarium Romanum*, imprimé par Jenson en 1478. La propriété
résulte de l'inscription de ce livre aux divers catalogues de la Bibliothèque.

Il est inscrit huit fois sur les catalogues, sous la
lettre Œ, n° 147, savoir :

1° Une fois, page 10, verso, tome cinquième du
catalogue alphabétique;

2° Trois fois sur le catalogue des livres du quin-
zième siècle, des livres rares et des estampes, dressé
par M. Daunou, deuxième volume : à l'article des
vélins, à l'article des incunables, et enfin à l'article
de Nicolas Jenson ;

3° Trois fois sur un catalogue manuscrit dressé
par M. Ventenat, ancien conservateur de la Bibliothèque du Panthéon, à l'article des éditions du quin.

2

zième siècle, à l'article des vélins et à l'article de Jenson ;

4° Deux fois sur une note manuscrite de M. Daunou jointe à l'index de la *Bibliotheca Telleriana ;*

5° Et enfin sur un double exemplaire du *Catalogue des livres imprimés de la Bibliothèque du Roy; Théologie*, I^re *partie*. A Paris, de l'Imprimerie royale, MDCCXXXIX.

M. Robert, ce coupable conservateur qui a ouvert la porte du vol à l'abbé Chavin de Malan, se servait dé ce double exemplaire comme d'un catalogue. Il avait, en marge, porté les lettres et les numéros des livres de la Bibliothèque Sainte-Geneviève; il avait inscrit, également en marge, la désignation des livres qui ne figuraient pas dans ce catalogue.

A la page 217, au chapitre des *Liturgies de l'Église latine d'aujourd'huy ou de l'Eglise de Rome*, M. Robert a écrit, en marge de l'art. 183 [1], la mention suivante :

*Breviarium Romanum. Venetiis*, Jenson, 1478. In-folio IMPRIMÉ SUR VÉLIN, n° 147 OE.

La Bibliothèque Sainte-Geneviève possède la carte de ce livre ; cette carte paraît être de la main de M. Daunou : elle porte la lettre OE, le n° 147 et l'indication que le livre est in-folio. La mention du livre est ainsi conçue : *Breviarium Romanum.—Venetiis, Jenson—1478—Impressum in membranis.*

Trompé par la note manuscrite de M. Daunou jointe à l'index de la *Bibliotheca Telleriana*, confiant

---

[1] L'article 183 du catalogue de la Bibliothèque du roi est relatif à un *Breviarium secundum consuetudinem Romanæ curiæ*. Venetiis, Jacobus Rubeus, 1474.

dans la lettre de M. Deschamps, et ne soupçonnant pas le désaveu qui est survenu depuis, j'ai indiqué par erreur, dans mon précédent écrit, que ce livre, comme tous les autres livres saisis chez M. Solar, provenait du legs de Charles-Maurice Letellier. Ce livre a une tout autre origine : il vient d'Italie et de la bibliothèque particulière du pape Pie VI. Il n'est entré à la Bibliothèque Sainte-Geneviève qu'au commencement du dix-neuvième siècle.

Le Catalogue alphabétique sur lequel ce livre est porté par renvoi date de 1791 ; c'est après la confection de ce Catalogue que la mention a été faite par renvoi sur le verso du feuillet ; elle paraît être, comme la carte, de la main de M. Daunou. Ce qui indique l'entrée du livre de l'an V à 1804.

Les documents résultant des catalogues et de la carte sont complétés par M. van Praët, dans son ouvrage des livres sur vélin précédemment cité. « L'exemplaire de Sainte-Geneviève est, dit-il, orné « et de la plus grande beauté ; il est sur vélin d'a- « gneau qui a vécu, et porte 343 millimètres de hau- « teur (12 pouces 8 lignes). »

A l'époque où M. van Praët a écrit son livre, la mesure linéaire employée était le pied de roi. C'est donc à cette ancienne mesure que nous devons principalement nous en rapporter. En convertissant les pouces et les lignes en millimètres, M. van Praët a forcé le chiffre dans un cas et a commis dans un autre une erreur matérielle de calcul : 12 pouces 8 lignes ne représentent que 342$^m$,88 et non 343 ; différence très-peu importante, mais qui, dans l'espèce, a son utilité et sa démonstration. M. van Praët indique que l'exemplaire du *Breviarium Romanum* possédé par la Bibliothèque du Vatican est d'une hauteur de 541 millimètres, représentant 12 pouces 8 lignes : 541 millimètres ne représentent pas 12 pouces 8 lignes, mais 12 pouces plus 8 pouces, c'est-à-dire 20 pouces. Dans le tableau de conversion des mesures linéaires dont il s'est servi, **M. van Praët** a confondu les colonnes et a pris des pouces pour des lignes ; de là son erreur. L'exemplaire du Vatican, comme l'exemplaire de Sainte-Geneviève, a 1 pied 8 lignes de hauteur, c'est-à-dire 342$^m$,88, un peu moins de 343 millimètres.

De ce qui précède, il résulte que l'exemplaire de la Bibliothèque Sainte-Geneviève *vient d'Italie, a été anciennement relié en Italie, est sur vélin d'agneau ayant vécu, porte 1 pied 8 lignes de hauteur, est orné et de la plus grande beauté.*

Ce livre ne peut pas être confondu avec le seul exemplaire qui existait dans le commerce en 1817, celui du libraire Longman, de Londres.

Longman a publié, en 1817, un catalogue sous le titre suivant :

*Supplement to a Catalogue of old Books for the year 1817, comprising and extensive and curious collection of early English, French and Italian litterature ; rare classics ; facetiæ ; Books on vellum ; and numerous works of general utility ; recently collected both at home and on the continent to be sold at the affixed prices by Longmann, Hurst, Rees, Orme and Brown, Pater Noster Row. London.*

Sous l'art. 9228 figure un exemplaire du *Breviarium Romanum*, désigné ainsi qu'il suit :

« *Breviarium juxta ritum Romanæ curiæ, printed*
« *on vellum ; blue Morocco.  L. 13, 13 sh.*

« *Venetiis. Nic. Jenson, 1478.*

« *A magnificent volume in the highest preservation*
*with borders of gold and colours around two pages ;*
*two leaves are manuscript , but a more desirable*
*specimen of Jenson's printing on vellum cannot well*
*be imagined.* »

M. van Praët indique que cet exemplaire provenait de M. de Gaignat, était imparfait et avait été
complété par celui du cardinal Léomenie de Brienne.
Il fait connaître que sa hauteur est de 12 pouces
(325 millimètres) [1].

Le catalogue de Gaignat (t. 1, p. 51, n° 174)
indique que l'exemplaire de M. de Gaignat était *relié
en maroquin bleu.*

Les deux exemplaires de M. Gaignat et du cardinal de Léomenie ont passé dans les mains de
M. Mac-Carthy. Ils sont désignés sous les n°ˢ 250 et
254 de son catalogue. L'exemplaire Gaignat avait
alors été complété. Cependant deux feuillets man-
quants avaient été refaits à la main.

Cet exemplaire, relié en maroquin bleu, ayant,
dit le catalogue Mac-Carthy, deux feuillets manuscrits, dont le premier feuillet est orné d'une bordure
or et couleur, a été vendu à Longman, moyennant
115 francs, à la douzième vacation du samedi 8 février 1817.

Le second exemplaire de M. Mac-Carthy, très-

---

[1] Le pied ne vaut que 324 lig. 84. M. van Praët a encore arrondi
e chiffre pour éviter les fractions.

imparfait, n'a été vendu que 21 francs à la treizième vacation du lundi suivant.

Il n'existe aucune analogie entre l'exemplaire de Longman et l'exemplaire de la Bibliothèque Sainte-Geneviève.

Les hauteurs sont différentes. Le premier n'a que 12 pouces, tandis que le second, beaucoup plus grand, mesure 12 pouces 8 lignes. Le premier est orné de bordures, tandis que l'autre n'en a pas. Enfin, l'exemplaire Longman contient deux feuillets manuscrits, et l'exemplaire de la Bibliothèque Sainte-Geneviève est complet. Il est bon, en outre, de rappeler que l'exemplaire Longman est relié en maroquin bleu.

Ils ne peuvent donc pas être confondus.

Quant au deuxième exemplaire de M. Mac-Carthy, décomplété par lui pour former l'exemplaire de Longman, il était, à l'époque de la vente de Léoménie, déjà fort incomplet : le calendrier manquait, ainsi que plusieurs feuillets et signatures.—Il est donc inutile de s'en occuper.

L'exemplaire Longman est le seul qui soit dans le commerce et qui puisse être possédé par un particulier. Nous avons fait connaître que tous les autres exemplaires étaient dans des bibliothèques publiques étrangères, d'où ils ne sont pas sortis. M. van Praët a indiqué que cet exemplaire Longman était passé dans des mains inconnues ; il est indifférent de connaître aujourd'hui le possesseur de ce livre, car l'exemplaire saisi-revendiqué chez M. Solar n'est pas l'exemplaire de Longman.

Le *Breviarium Romanum* saisi chez M. Solar est

relié en maroquin rouge, reliure italienne ; il mesure 12 pouces 8 lignes, 342 millimètres forts, et est orné de lettres et de fleurons or et couleur, mais il n'a pas de bordures comme le second exemplaire de la Bibliothèque impériale (n° 78) et comme l'exemplaire Longman ; il est imprimé sur vélin d'agneau qui a vécu. Sur l'extrémité inférieure du dos on voit encore la trace d'une rondelle de 2 centimètres de diamètre.

Il a un faux titre fait à la main, or et couleur, dont les ornements n'ont point la même perfection que les miniatures du livre. Ce titre a été fait postérieurement à l'ornementation.

Sur le premier feuillet, à l'extrémité inférieure de l'angle droit se trouve cette mention : *Ad usum Caroli Cardinalis Borromei.* Est-elle vraie? est-elle apocryphe? L'embarras est grand pour décider la question ; cependant on peut affirmer avec certitude que ce n'est pas la signature de saint Charles Borromée, ni même son écriture.

C'est sur cette particularité que M. Solar se fonde pour repousser la réclamation de la Bibliothèque Sainte-Geneviève.

L'exemplaire saisi chez M. Solar : vient d'Italie comme celui de la Bibliothèque Sainte-Geneviève ;

Comme lui il a une reliure italienne ;

Comme lui il est de la plus grande beauté ;

Comme lui il est imprimé sur vélin d'agneau qui a vécu ;

Comme lui il n'a pas de bordures ;

Comme lui il est orné de lettres et fleurons or et couleur.

*Comme lui il a la même hauteur de* 12 *pouces* 8 *lignes, c'est-à-dire,* 342 *millimètres,* 88.

Enfin il a porté une rondelle identiquement de la taille des anciennes rondelles employées à la Bibliothèque Sainte-Geneviève, se trouvant à la place où sont collées les rondelles du livre de cette Bibliothèque.

*Voilà deux livres bien semblables, bien identiques, pour ne pas former une seule et même chose! Tous ces caractères distinctifs sont des preuves. L'identité du livre est établie, la Bibliothèque Sainte-Geneviève prouve donc son droit.*

Le Bréviaire Romain a été vendu à M. Solar par M. Demichelis, qui a déclaré dans divers actes judiciaires le tenir de la succession de M. Chavin de Malan. La Bibliothèque Sainte-Geneviève n'a plus son exemplaire, il lui a été volé. Par qui? Il n'est pas difficile d'établir que c'est par M. Chavin. Les livres du XVe siècle, et principalement les vélins, sont renfermés dans des armoires fermant à clef. Ils ne sont communiqués au public que sur des autorisations spéciales. Ils ne peuvent donc pas être volés par les lecteurs habituels de la Bibliothèque, mais seulement par quelqu'un ayant la clef des armoires vitrées qui les renferment. Il est impossible d'admettre qu'ils puissent être soustraits par les personnes *autorisées* à les avoir en communication, car le vol serait d'une constatation trop facile. Ce serait un vol ridicule, inutile, stupide même. Il faut donc admettre forcément que le vol n'en peut être fait que par quelqu'un possédant les clefs des armoires. Dans l'écrit précédemment publié dans cette affaire, il a été établi que M. Chavin, qui avait capté la confiance de M. Robert, l'un des conservateurs de la Bibliothèque Sainte-Geneviève, avait eu à diverses reprises les clefs des armoires vitrées; il a profité de cette circonstance pour voler un certain nombre de livres précieux, notamment l'Homère sur vélin des Aldes, saisi-revendiqué chez M. Didot et sur la propriété duquel il n'existe aucun doute. M. Chavin est le seul qui ait eu les clefs; M. Chavin est un voleur, le procès actuel le démontre incontestablement, lui seul a donc pu voler le *Breviarium Romanum* de la Bibliothèque Sainte-Geneviève.

Il est établi par tous les documents du procès, par les déclarations judiciaires de M. Demichelis, que M. Chavin a possédé un *Bréviaire romain*, sur vélin, de 1478 : comment aurait-il pu, lui sans fortune et n'en ayant pas laissée, acquérir à prix d'argent un livre aussi précieux et d'une aussi grande valeur? Il y a là une impossibilité matérielle qui ne peut être détruite. Au surplus, pour lever tous les doutes à cet égard, Son Excellence M. le Ministre de l'instruction publique a interpellé les représentants de M. Chavin de Malan par acte d'huissier signifié à leurs personnes à la date du 21 septembre 1858, et leur a fait sommation « de déclarer à quel titre
« M. Chavin de Malan était détenteur du *Breviarium*
« *Romanum*, imprimé sur vélin par Jenson, en 1478;
« de justifier de ce titre, pour le cas où, contre toute
« attente, il pourrait en être montré un; enfin de faire
« connaître à l'huissier toutes les pièces, documents,
« renseignements et notes, si aucuns pouvaient exister
« dont ils pourraient vouloir se servir pour justifier

« la détention régulière, légale, légitime et honnête
« du *Breviarium Romanum.* » L'huissier avait reçu
pour instructions de laisser aux représentants Chavin
le délai nécessaire pour faire toutes recherches, et
de ne recueillir leur réponse qu'après l'expiration
de ce délai.

Cette instruction a été suivie, et quelques jours
après l'huissier a recueilli la réponse suivante, faite
par l'un d'eux au nom de tous : *Qu'il ignore complétement si l'ouvrage réclamé existait dans la bibliothèque de l'abbé Chavin lors de la vente faite à
M. Demichelis.*

M. Magdelaine, auteur de cette réponse a la
mémoire peu sûre. Lorsqu'il vendait la bibliothèque de son petit-fils, à M. Demichelis, il n'ignorait
pas que le Bréviaire Romain se trouvait parmi les
livres à vendre, il allait le chercher dans la cachette,
où il était renfermé avec le plus grand soin, et le
montrait comme l'un des objets les plus précieux
et les plus rares de la collection. Mais alors il dis-
cutait le prix de la bibliothèque achetée depuis par
M. Demichelis.

La réponse de M. Magdelaine est la corroboration
de toutes les preuves qui s'accumulent pour démontrer que le livre a été volé par M. Chavin.

Voilà un an que la mémoire de M. Chavin est
attaquée devant la justice du pays; voilà un an que
l'opinion publique pèse et discute les attaques dont
cette mémoire est l'objet, et son fils aurait des justi-
fications à administrer pour défendre le nom qu'il
porte, et il ne les produirait pas! il aurait eu des
recherches à faire, et il ne les aurait pas faites!

Interpellé de donner une preuve de l'honnêteté de son père, il se renfermerait dans une ridicule et impossible réponse... Cette conduite est inexplicable... La famille Chavin ne peut rien, elle courbe la tête, parce que rien ne peut la défendre.

M. Solar, pour repousser la demande de la Bibliothèque Sainte-Geneviève, s'appuie sur cette particularité, que le *Breviarium Romanum* a appartenu à saint Charles Borromée ; cette possession, selon lui, est d'une telle importance qu'elle aurait dû être signalée et sur la carte et dans les catalogues de la Bibliothèque Sainte- Geneviève. L'omission de cette provenance, ainsi que l'absence d'estampille, démontrent, d'après lui, que l'exemplaire revendiqué n'est pas celui de Sainte-Geneviève.

Tout d'abord cette mention : *Ad usum Caroli Cardinalis Borromei*, est-elle bien certaine? est-elle bien authentique? Le doute est permis. S'il y avait place pour le doute, les catalogues ont donc pu raisonnablement ne pas relever ni constater cette mention. Mais, en admettant même qu'elle soit sérieuse, où donc M. Solar a-t-il vu que les catalogues anciens des bibliothèques publiques contiennent des mentions de la provenance des livres? Tous les catalogues de Sainte-Geneviève sont muets à cet égard ; ils indiquent simplement le titre exact du livre, sa date, le nom de l'imprimeur ou du libraire ; ils sont divisés par sections selon que le livre est in-folio, in-quarto ou in-octavo ; ils ne mentionnent pas la reliure, la tranche, ni les ornements extérieurs du livre. Les anciens catalogues de la Bibliothèque impériale sont semblables ; ce n'est que depuis plusieurs années que dans la rédaction des nouveaux catalogues l'on a pris soin de relever certains caractères particuliers du livre ou de la reliure. Mais jusque-là tous les rédacteurs des catalogues des bibliothèques publiques ont négligé des particularités essentielles pour des catalogues de libraires et de ventes publiques, mais qu'ils considéraient comme étant sans utilité pour le service des établissements de l'État. L'argument de M. Solar n'est pas sérieux et n'est d'aucune valeur.

Le défaut d'estampille ne signifie rien non plus ; la jurisprudence a fait justice des allégations et prétentions qui s'étaient élevées à cet égard dans les affaires relatives à l'autographe de Molière et à l'autographe de Montaigne.

Dans cette dernière affaire, jugée par arrêt de la 1ʳᵉ chambre de la cour impériale de Paris, le 18 août 1851, la cour a décidé qu'il suffisait de présomptions graves, précises et concordantes pour justifier la réclamation de l'autographe de Montaigne, faite au nom de la Bibliothèque impériale. Dans l'espèce actuelle, les présomptions graves, précises et concordantes abondent et viennent se joindre aux preuves de la propriété de la Bibliothèque Sainte-Geneviève.

# CHAPITRE IV

## DES MONUMENTS DES SCIENCES ET DES ARTS ENVOYÉS D'ITALIE EN FRANCE PAR LE GÉNÉRAL BONAPARTE.

L'étranger qui nous trompe écrase impunémen
La justice et la foi par la force étouffées ;
Il ternit pour jamais sa splendeur d'un momen
Il triomphe en barbare et brise nos trophées.
Que cet orgueil est misérable et vain !
Croit-il anéantir tous nos titres de gloire ?
On peut les effacer sur le marbre ou l'airain.
Qui les effacera du livre de l'histoire ?

CASIMIR DELAVIGNE.

2e *Messénienne.—La Dévastation du Musée*

Les Bibliothèques impériale, de Sainte-Geneviève et de l'École polytechnique, possèdent des livres précieux venant d'Italie.

Ces livres appartiennent à la France en vertu de traités, armistices et conventions de guerre conclus par le général Bonaparte ; *c'est une glorieuse et légitime propriété que les traités de* 1814 *et* 1815 *ont respectée et reconnue.*

Quelques notions historiques très-succinctes démontreront cette proposition. Ces notions sont d'autant plus nécessaires que dans un livre publié en 1849 [1], se trouve le passage suivant :

« On sait que cette bibliothèque (la Bibliothèque
« impériale) possède un grand nombre d'ouvrages
« dont elle ne saurait légalement justifier l'origine.
« Ce sont en général des volumes du plus grand
« prix, que les armées victorieuses de la République
« et de l'Empire avaient enlevés aux bibliothèques
« des pays conquis et *qu'à la paix on s'obligea par*
« *des traités à restituer* à ceux à qui ils appartenaient
« primitivement. Personne n'ignore qu'à la Restau-
« ration, certains conservateurs, mus par le plus
« fervent patriotisme, se sont empressés de cacher
« des volumes qu'on s'était engagé à rendre, et que
« parfois ils ont donné des exemplaires défectueux
« ou moins recommandables, à la place de ceux
« qu'on réclamait. Ces conservateurs dont le nom
« est bien connu, mais qui ont cessé d'exister, se
« sont glorifiés à plusieurs reprises et publique-
« ment de ce qu'ils avaient fait. Il en est résulté
« que la Bibliothèque nationale s'est trouvée en-
« richie de quelques volumes précieux, mais qu'elle
« ne peut guère en profiter, car plusieurs de
« ces volumes restent dans l'ombre ou ne se
« montrent qu'avec de grandes précautions. Il y
« a quelques années, qu'au second étage du dé-
« partement des manuscrits de ce grand établisse-
« ment, on a montré à une personne que je pourrais
« nommer des manuscrits précieux qu'on disait

[1] *Lettre à M. de Falloux, Ministre de l'instruction publique....*
par G. Libri. 1849, in-8°, Paris, Paulin, page 53 à 54.

« provenir de certaines bibliothèques de Belgique
« et qu'on cachait à tous les regards, de crainte,
« disait-on, qu'ils ne fussent réclamés par le gou-
« vernement belge. C'est seulement pour le plaisir
« de l'argumentation que je cite ces faits, car pour
« ma part, *je n'ai jamais cru pouvoir garder un vo-*
« *lume sur l'origine duquel je puisse conserver le*
« *moindre soupçon, et j'ai toujours voulu que chez*
« *moi tout se passât dans l'ordre.* »

L'auteur du livre dont ce passage est extrait est
M. Libri, condamné par arrêt de la cour d'assises de
la Seine, du 22 juin 1850, à dix années de réclusion,
pour soustraction de manuscrits et de livres dans diverses bibliothèques publiques.

Pour toute personne de bonne foi, les allégations
et les argumentations de M. Libri sont sans valeur ;
la déconsidération attachée à son nom retombe sur
ce qu'il publie pour sa défense et sur ce qu'il écrit
contre les bibliothèques publiques. Cependant quelques amis de M. Libri, et des *personnes intéressées,*
s'emparent de ses allégations et de ses argumentations pour les reproduire contre les bibliothèques
publiques [1]. L'occasion se présente dans l'affaire
actuelle de les détruire juridiquement ; je la saisis
avec empressement, et je vais démontrer avec l'histoire et le texte des traités diplomatiques que les bibliothèques sont légitimement propriétaires des livres
et manuscrits que le général Bonaparte a acquis à la
France dans sa mémorable campagne d'Italie.

---

[1] Dans son procès contre la Bibliothèque impériale, à l'occasion
de l'autographe de Montaigne, M. Feuillet de Conches s'est fait
'écho de ces déplorables allégations.

M. Naudet, alors administrateur général de la Bibliothèque nationale, a répondu à M. Libri[1] : « Ah! gardez-vous de comparer cette bibliopolie de « contrebande et de rapine aux conquêtes dont nos « soldats avaient enrichi au commencement de ce « siècle, nos bibliothèques et nos musées. Ils avaient « affronté la mort sur les champs de bataille, et « avaient payé de leur sang. Les autres conquérants « n'ont bravé que le danger des galères. Nous n'a- « vons rien à rendre, quoi que vous disiez *pour le* « *plaisir de l'argumentation*, et si nous avions gardé « quelque chose, la gloire militaire et nationale du « moins couvrirait la possession ; elle ne porterait « pas la flétrissure flagrante d'un larcin de barbare. »

Cette réponse est d'un Français, mais elle n'est pas celle de l'administrateur général de la Bibliothèque impériale. Il fallait lire les belles pages de notre histoire, de 1796 à 1797; il fallait se pénétrer de l'esprit et de la lettre des traités de 1814, 1815 et 1818, et répondre à M. Libri qu'il avait calomnié la France.

Ce qui n'a pas été fait alors, je vais tenter de le faire aujourd'hui.

Le général Bonaparte, nommé général en chef de l'armée d'Italie, arriva à Nice le 26 mars 1796 (6 germinal an IV).

« Tout s'y trouvait dans un état déplorable. Les « troupes y étaient réduites à la dernière misère. Sans « habits, sans souliers, sans paye, quelquefois sans

---

[1] *Lettre à M. Libri...*, par J. Naudet. Paris, Crapelet, 1859, in-8°, page 21.

« vivres, elles supportaient cependant leurs privations
« avec un rare courage.... Les chevaux manquaient
« pour l'artillerie. Pour nourrir la cavalerie, on
« l'avait transportée en arrière sur les bords du
« Rhône.... Bonaparte avait reçu, pour toute res-
« source, deux mille louis en argent, et un million
« de traites, dont une partie fut protestée [1]. »

Cette armée, qui comprenait 30,000 hommes,
avait à combattre 22,000 Piémontais sous les ordres
de Colli, et 38,000 Autrichiens commandés par Beaulieu, vieux général qui s'était distingué dans les
Pays-Bas.

Avant de quitter Nice, le général Bonaparte
s'adresse à son armée. « Soldats, leur dit-il, vous
« êtes nus, mal nourris, le gouvernement vous doit
« beaucoup, il ne peut rien vous donner. Votre pa-
« tience, le courage que vous montrez au milieu des
« rochers sont admirables, mais ils ne vous pro-
« curent aucune gloire; aucun éclat ne rejaillit sur
« vous. *Je veux vous conduire dans les plus fertiles*
« *plaines du monde; de riches provinces, de grandes*
« *villes seront en votre pouvoir, vous y trouverez*
« *honneur, gloire et richesses.* Soldats de l'armée
« d'Italie! manqueriez-vous de courage ou de
« constance? »

Ce que le général Bonaparte avait promis à son
armée se réalisa dans le court espace de dix-huit
mois; l'Italie fut subjuguée; l'Autriche vaincue et
épouvantée recevait la paix à Campo-Formio.

Pendant ces dix-huit mois, avec son armée et un

----

[1] Thiers. *Révolution française*, édit. in-8°, 1834. Lecointe,
tome VIII, page 225.

seul renfort de 20,000 hommes, le général Bonaparte avait détruit quatre armées de l'Autriche, fortes de 200.000 hommes; il avait continuellement battu Beaulieu, Wurmser, Alvinzi et l'archiduc Charles.

Il avait fait 150,000 prisonniers, pris 170 drapeaux, 55⁰ pièces d'artillerie de siége, 600 pièces de campagne, 5 équipages de ponts, 9 vaisseaux, 12 frégates, 12 corvettes, 18 galères.

Il avait conclu des armistices avec les rois de Sardaigne et de Naples, le pape, les ducs de Parme et de Modène; il avait signé les préliminaires de la paix à Léoben, et fait la paix à Tolentino et à Campo-Formio.

Il avait donné la liberté aux peuples de Bologne, Ferrare, Modène, Massa-Carrara, la Romagne, la Lombardie, Brescia, Bergame, Mantoue, Crémone, partie du Véronais, Chiavenna, Bormio, la Valteline, Gênes, les fiefs impériaux, les départements de Corcyre, de la mer Égée et d'Ithaque.

Il avait envoyé à Paris les chefs-d'œuvre de Michel-Ange, le Guerchin, le Titien, Paul Véronèse, le Corrége, l'Albane, les Carraches, Raphaël, Léonard de Vinci; les plus belles œuvres de la statuaire antique, les manuscrits et les livres les plus précieux, des médailles, des instruments de science, des collections d'histoire naturelle et de minéralogie.

Il avait triomphé en dix-huit batailles rangées, à Montenotte, Millesimo, Mondovi, Lodi, Borghetto, Lonato, Castiglione, Roveredo, Bassano, Saint-Georges, Fontana-Niva, Caldiero, Arcole, Rivoli, la Favorite, le Tagliamento, Tarwis et Neumarkt.

Il avait livré soixante-sept combats.

Ces héroïques travaux avaient placé la France au premier rang des nations du monde, et avaient acquis au général Bonaparte la plus haute gloire militaire. Admirable de génie, de ressources, de courage et d'audace, il s'était montré le plus grand et le plus heureux capitaine des temps modernes.

La campagne d'Italie est une magnifique épopée militaire, dont on ne peut lire la glorieuse histoire sans éprouver le plus légitime orgueil national.

Vainqueur, le général Bonaparte avait dicté des lois aux vaincus, il leur avait imposé des conditions qui furent acceptées et exécutées, il stipula des contributions de guerre en argent, la remise de tableaux, de statues, d'objets d'arts et de sciences qui devaient être pour la France, les trophées de sa gloire militaire.

Ces stipulations, dans le droit du vainqueur, étaient le prix du noble sang versé sur les champs de bataille. Elles étaient légitimes, et en fait comme en droit elles sont inattaquables.

Quinze jours après son entrée en campagne, vainqueur à Voltri, Montenotte, Millesimo, Dego, Vico, Mondovi, il avait fait 15,000 prisonniers, tué ou blessé 10,000 hommes. Quelques jours après, le 9 mai 1796 (20 floréal an VI), il signait un armistice avec le duc de Parme, et obtenait 2 millions argent, 1,700 chevaux, 10,000 quintaux de blé, 5,000 quintaux d'avoine, 2,000 bœufs, et enfin *la remise de vingt tableaux à son choix, parmi ceux existant dans le duché.*

Le même jour, il concluait un armistice avec le

duc de Modène. Ce dernier payait à la France 7,500,000 livres argent, fournissait 2,500,000 livres en denrées, poudres et autres munitions de guerre, et *livrait vingt tableaux à prendre dans sa galerie ou dans ses États, au choix des citoyens qui seraient commis à cet effet.*

Le 21 juin 1796, il écrivait au Directoire : « Les « vingt tableaux que doit nous fournir Parme sont « partis ; le célèbre tableau de *Saint Jérôme* est tel-« lement estimé dans ce pays, qu'on offrait 1 million « pour le racheter.

« Les tableaux de Modène sont également partis. « Le citoyen Barthélemy s'occupe dans ce moment-« ci à choisir les tableaux de Bologne ; il compte en « prendre une cinquantaine parmi lesquels se trouve « la *Sainte Cécile,* qu'on dit être le chef-d'œuvre de « Michel-Ange.

« Monge, Berthollet et Thouin, naturalistes, sont « à Pavie où ils s'occupent à enrichir notre Jardin « des Plantes et notre cabinet d'histoire naturelle. »

Dans le traité d'armistice de Bologne, conclu le 24 juin 1796 avec le pape Pie VI, le général Bonaparte stipula la remise de *cent chefs-d'œuvre des arts et cinq cents manuscrits précieux.*

Plus tard, lorsqu'il signa avec Pie VI le traité de paix de Tolentino, le 19 février 1797, il fit écrire dans l'article 13 *que l'article 8 du traité d'armistice de Bologne, concernant les manuscrits et objets d'art, aurait son exécution entière et la plus prompte.* Un grand nombre d'autres conventions furent faites par le général Bonaparte avec les principales villes de l'Italie. Nous citerons parmi ces villes, Bologne,

Pavie, Milan, Padoue, Vérone, Venise, Florence, etc.

*Le Moniteur* du 9 décembre 1797 annonce que les monuments des arts, les ouvrages précieux de l'Italie et notamment ceux de Rome, sont partis de Marseille et sont en route pour Paris. On y compte dit ce journal, deux cent vingt-huit tableaux, cent douze morceaux de sculpture, tant bustes que statues, douze cent quatre vingt-quinze antiques, deux mille cinq cent quarante-trois volumes, tant manuscrits qu'imprimés sur papier ou sur parchemin, et mille cinquante et un morceaux d'histoire naturelle.

Le Directoire prit un arrêté pour l'exposition de ces richesses au Louvre dans la galerie du rez-de-chaussée, régnant sur le jardin de l'infante et donnant le long du quai.

Les 27 et 28 juillet 1798 (9 et 10 thermidor an VI) une grande fête nationale fut célébrée à Paris pour l'entrée triomphale des monuments des arts et des sciences venant d'Italie. *Le Moniteur* du 27 contient le programme arrêté par le ministre de l'intérieur.

Deux jours avaient été consacrés à cette fête. Le premier jour les objets furent reçus par le ministre de l'intérieur accompagné de l'Institut national, sur la rive gauche de la Seine, près le Muséum d'histoire naturelle ; ils furent conduits par les boulevards neufs et ceux des Invalides au Champ-de-Mars.

Le cortége formait trois grandes divisions : l'histoire naturelle ; les livres, manuscrits et médailles ; et les beaux-arts.

Les objets d'art et de science étaient placés sur

des chars ornés de trophées, de guirlandes et d'inscriptions.

Voici, en ce qui concerne les livres et manuscrits, la description du cortége.

La bannière en avant de la deuxième division portait ces inscriptions : *Livres, manuscrits, médailles, musique, caractères d'imprimerie de langue orientale.*

*Les sciences et les arts soutiennent et embellissent la liberté.*

Venaient ensuite un chœur de musiciens chantant des hymnes patriotiques, des députations des sociétés libres des sciences et des arts, des députations d'artistes des principaux théâtres de Paris, des artistes typographes, les conservateurs des bibliothèques publiques, les professeurs de l'École polytechnique, les professeurs du Collége de France, ces derniers portant le buste d'Homère sur un trépied antique, avec cette inscription du poëte Lebrun :

> Ce génie a créé son art et ses rivaux.
> Il n'eut point de modèle et n'aura point d'égaux.

Devant le buste était une bannière sur laquelle on lisait : *Sept villes se disputèrent l'honneur de lui avoir donné naissance.*

Les professeurs de l'École centrale suivaient le buste d'Homère.

Les six chars venaient ensuite ; ils étaient entourés des élèves des Écoles ; ils contenaient les manuscrits, les livres et les médailles.

Le premier char avait cette inscription tirée de

Montaigne : *Aliment du jeune âge et charme des vieux jours.*

Le deuxième, cette autre inscription de Montaigne : *Il ne faut pas loger la science, il la faut épouser.*

Les troisième, quatrième. cinquième et sixième chars portaient des inscriptions prises dans La Fontaine, Delille et Sénèque.

Cette division était terminée par un détachement de troupes.

Venait ensuite la division des beaux-arts, comprenant vingt-neuf chars contenant les plus remarquables œuvres de la statuaire antique, et les chefs-d'œuvre des peintres italiens.

Après les chars, les défenseurs de la patrie portant le buste antique de Junius Brutus, et enfin les commissaires envoyés en Italie par le gouvernement pour la recherche de ces précieux trophées : Thouin, Moitte, Tinet et Barthélemy.

Lorsque le cortége fut arrivé au Champ-de-Mars, au pied de l'autel de la Patrie, le Conservatoire de musique exécuta le *Carmen seculare* d'Horace, traduit en vers français par Daru et mis en musique par Philidor.

Les commissaires remirent les listes des objets par eux recueillis à François de Neufchâteau, ministre de l'intérieur ; ce dernier prononça un discours.

Le lendemain, le ministre de l'intérieur présenta les objets d'art et les commissaires au Directoire ; des discours furent prononcés par François de Neufchâteau et par Merlin, président par intérim du Directoire. Les commissaires reçurent une médaille portant la figure de la France, et sur le revers la légende : *Les sciences et les arts reconnaissants.*

Ces fêtes célébrées à Paris avec une aussi éclatante publicité prouvent que la France se considérait à bon droit comme légitime propriétaire de ces glorieux trophées de la campagne d'Italie.

Il importe de remarquer que le Directoire avait nommé une commission chargée de recueillir en Italie tous les objets des sciences et des arts que les peuples et villes vaincus étaient tenus de remettre à l'armée française victorieuse. Ces commissaires étaient Monge, Berthollet, Thouin, Moitte, Tinet et Barthélemy.

L'on verra plus loin qu'une nouvelle commission fut de nouveau instituée à Rome après l'assassinat du général Duphot.

La possession de la France ne fut jamais clandestine ; elle fut haute, puissante, éclatante, comme sa gloire militaire.

Ce ne fut pas par le pillage que la France s'enrichit, mais bien par la convention faite avec le vaincu, acceptée et exécutée par lui.

Le peu d'étendue que doit comporter cette Notice ne permet pas d'entrer dans d'importants détails historiques, pleins d'intérêt et du plus haut enseignement. Cependant comme il est nécessaire de détruire l'allégation inexacte de M. Libri, que la France a enlevé des livres précieux aux bibliothèques des pays vaincus, je crois indispensable de placer sous les yeux du lecteur l'admirable proclamation faite par le général Bonaparte à son armée, le 26 avril 1796, au quartier général de Cherasco.

« Soldats, vous avez en quinze jours remporté
« six victoires, pris vingt et un drapeaux, cinquante
« pièces de canon, plusieurs places fortes, conquis
« la plus riche partie du Piémont ; vous avez fait
« quinze mille prisonniers, tué ou blessé dix mille
« hommes. Dénués de tout, vous avez suppléé à tout ;
« vous avez gagné des batailles sans canons, passé
« des rivières sans ponts, fait des marches forcées
« sans souliers, bivouaqué plusieurs fois sans pain ;
« les phalanges républicaines étaient seules capables
« d'actions aussi extraordinaires. Grâces vous soient
« rendues, soldats !

« Les deux armées qui, naguère, vous attaquèrent
« avec audace, fuient devant vous ; les hommes per-
« vers qui se réjouissaient dans leur pensée du triom-
« phe de vos ennemis sont confondus et tremblants.
« Mais, il ne faut pas vous le dissimuler, vous n'avez
« encore rien fait, puisque beaucoup de choses vous
« restent encore à faire. Ni Turin ni Milan ne sont à
« vous : vos ennemis foulent encore les cendres des
« vainqueurs des Tarquins.

« Vous étiez dénués de tout au commencement de
« la campagne ; vous êtes aujourd'hui abondamment
« pourvus. Les magasins pris à vos ennemis sont
« nombreux. L'artillerie de siége est arrivée. La
« patrie attend de vous de grandes choses, vous jus-
« tifierez son attente ; vous brûlez tous de porter au
« loin la gloire du peuple français, d'humilier les
« rois orgueilleux qui méditaient de nous donner
« des fers, *de dicter une paix glorieuse qui indemnise*
« *la patrie des sacrifices qu'elle a faits.* Vous voulez
« tous, en rentrant dans le sein de vos familles, dire

« avec fierté : J'étais de l'armée conquérante de
« l'Italie.

« Amis, je vous la promets cette conquête ; mais
« il est une condition qu'il faut que vous juriez de
« remplir, c'est de respecter les peuples que vous
« délivrerez de leurs fers ; *c'est de réprimer les pil-*
« *lages*, auxquels se portent des scélérats suscités
« par nos ennemis. Sans cela vous ne seriez pas les
« libérateurs des peuples, vous en seriez le fléau ;
« *le peuple français vous désavouerait :* vos vic-
« toires, votre courage, le sang de vos frères morts
« en combattant, tout serait perdu, surtout l'honneur
« et la gloire. Quant à moi, et aux généraux qui
« ont votre confiance, nous rougirions de commander
« une armée qui ne connaîtrait de loi que la force ;
« mais investi de l'autorité nationale, *je saurai faire*
« *respecter à un petit nombre d'hommes sans cœur*
« *les lois de l'humanité et de l'honneur qu'ils foulent*
« *aux pieds ; je ne souffrirai pas que des brigands*
« *souillent vos lauriers.*

« Peuples d'Italie, l'armée française vient chez
« vous pour rompre vos fers ; le peuple français est
« l'ami de tous les peuples ; venez avec confiance au-
« devant de nos drapeaux. *Votre religion, vos pro-*
« *priétés et vos usages seront religieusement respectés.*
« *Nous faisons la guerre en ennemis généreux ;* nous
« n'en voulons qu'aux tyrans qui vous asservissent. »

Ces belles paroles n'ont pas été oubliées par
l'armée d'Italie : les principes posés par le général
en chef ont été religieusement acceptés et suivis par
ses invincibles soldats. Ils ont délivré les peuples
d'Italie de la servitude, ils ont respecté les pro-

priétés; pleins d'humanité, ils ont gardé les lois de l'honneur et se sont couverts de lauriers purs et immortels.

L'armée d'Italie n'a rien enlevé, elle a imposé des conditions aux vaincus, et elle a reçu légitimement le prix de sa gloire et de son sang versé.

Le pape Pie VI n'exécuta pas le traité de Tolentino, la foi jurée fut violée par lui. Le 28 décembre 1796 (8 nivôse an VI), le palais de Joseph Bonaparte, ambassadeur de France à Rome, fut envahi par les troupes du pape, le général Duphot, n'écoutant que son courage, se présente aux soldats romains pour faire cesser le désordre, entouré par eux, il est entraîné vers la porte Septimania où il est lâchement assassiné. L'ambassadeur avait suivi Duphot, il le voit tomber sous les coups de ses assassins; menacé lui-même, il rentre avec peine au palais de l'ambassade. Les cours sont au pouvoir des troupes du pape, elles sont encombrées de morts et de mourants, les marches du palais sont teintes de sang. Le lendemain, Joseph Bonaparte avait quitté Rome avec sa famille, et s'était rendu à Florence.

Le Directoire vengea l'assassinat de Duphot; la guerre fut déclarée au pape. Décidé à en finir avec le pouvoir temporel des papes, le Directoire envoya une commission à Rome pour y organiser la république. Cette commission fut nommée par un arrêté du 31 janvier 1798 (12 pluviôse an VI), elle se composait de Monge, Daunou, Florent, Faypoult et de Saint-Martin, comme secrétaire.

Le 5 février, Monge, Daunou et Saint-Martin partirent pour Rome. Leur mission, est-il dit dans *le Moniteur* du 19 pluviôse, est relative à la diplomatie en général, *ainsi qu'aux arts.*

Le 10 février (22 pluviôse), l'armée, commandée par le général Berthier, était campée sous Rome : le château Saint-Ange et le Capitole étaient occupés par les soldats français.

Le 15 février (27 pluviôse), le général Berthier entrait en vainqueur à Rome ; à son entrée par la porte du Peuple, des députés lui présentèrent une couronne d'olivier au nom du peuple romain. Berthier l'accepta, en disant qu'elle appartenait au général Bonaparte, dont les exploits avaient préparé la liberté romaine, qu'il la recevait pour lui et qu'il la lui enverrait au nom du peuple romain.

Berthier chargea son frère de porter cette couronne au général Bonaparte, avec une lettre datée du 28 pluviôse, insérée dans *le Moniteur* du 16 ventôse.

Immédiatement après l'entrée de l'armée française dans Rome, le peuple romain se déclara libre, proclama la république, et se plaça sous la puissante protection de la France.

Le pape quitta Rome le 20 février (2 ventôse), accompagné de deux officiers français qu'il avait demandés pour lui servir de sauvegarde.

Une constitution avait été préparée à Paris pour la nouvelle république, M. Daunou fut chargé de la réviser et de la compléter par des lois organiques.

La commission avait fait avec le gouvernement romain une convention aux termes de laquelle la France devait recevoir 35 millions argent, en outre des 35 millions déjà payés par le pape en vertu du traité de Tolentino, et indépendamment des objets d'art et de science, des manuscrits, des livres et des médailles que la commission était chargée de recueillir et d'envoyer à Paris.

La bibliothèque particulière du pape avait été confisquée par le gouvernement français ; elle avait été remise à Haller, administrateur en chef des finances en Italie, et devait être vendue.

Avant qu'il fût procédé à la vente de cette bibliothèque, M. Daunou avait été chargé de faire un choix de livres pour la Bibliothèque nationale, pour celle du Panthéon et pour celle de l'École polytechnique.

Ce choix fait, la bibliothèque du pape fut vendue à un libraire de Rome pour le prix de 36,000 piastres. *Le Moniteur* du 21 mai 1798 (2 prairial an VI) annonce la vente et indique que la bibliotbèque, riche surtout en livres imprimés dans le $xv^e$ siècle, contenait quelques ouvrages modernes très-précieux.

M. Taillandier, dans son intéressant ouvrage sur M. Daunou , fait connaître que la Bibliothèque Sainte-Geneviève eut en partage de magnifiques productions typographiques , sorties des presses de Sweynheim et Pannartz et des autres principaux imprimeurs établis en Italie au $xv^e$ siècle, la plupart reliés aux armes du pape Pie VI, et les grands ouvrages à gravures sur le Musée Clémentin, la colonne Trajane, les fresques du Vatican, par Raphaël, etc.

Monge et Daunou avaient quitté Rome et avaient été remplacés par Berthollet et Duport. La commission avait continué les opérations relatives aux monuments des arts et des sciences que le gouvernement romain avait donnés à la France. Quatre-vingt-dix-neuf caisses avaient été préparées pour être envoyées à Paris; elles contenaient les objets les plus précieux de la collection. La commission avait autorisé son agent général à passer un marché avec des négociants de Rome, associés sous le nom de Compagnie des transports d'objets d'art. Cette Compagnie s'était chargée de la restauration des emballages et du transport par mer jusqu'en France des quatre-vingt-dix-neuf caisses. Lors des désastres arrivés en Lombardie, l'agent général de la commission française, à Rome, avait donné l'ordre à la Compagnie de transporter, de conduire les quatre-vingt-dix-neuf caisses par terre jusqu'à Lérici, petit port de mer sur la frontière du pays de Gênes. La commission française avait chargé de la surveillance du convoi François Carret, ex-préposé de l'agent du commissaire civil près l'armée de Naples, et gardien conservateur des objets d'art pour le Muséum français.

La Compagnie romaine devait faire l'avance des fonds pour les frais de transport à Lerici, à Gênes et même en France. Aucune diligence ne fut mise par elle dans l'envoi de ces fonds, et l'argent manqua à Carret pendant le voyage.

Lorsque Carret traversa la Toscane et le pays de Lucques, on était au mois de floréal an VII, l'Italie était en pleine insurrection. Les charretiers formèrent le projet de se défaire de Carret et de son homme de confiance pour piller le convoi. Ils refusèrent de marcher, réclamant le payement du prix

du transport, et menaçant de se joindre aux insurgés.
Le péril était extrême, Carret était environné de dangers qui croissaient à tout moment, il n'avait reçu aucuns fonds de la Compagnie romaine ; cependant, avec ses ressources personnelles, il put payer ces charretiers et les congédier. Ce premier péril passé, il lui fallut trouver de nouveaux charretiers, il parvint à s'en procurer non sans beaucoup de peine ; pensant éviter les dangers qu'il avait courus, il changea de route, et se fit passer pour le représentant de négociants toscans, chargé de conduire un convoi d'objets de commerce à Lerici pour y être embarqués. Les nouveaux charretiers étaient toscans, ils crurent à la sincérité de cette déclaration. Le convoi put, grâce à ce subterfuge, continuer sa marche au travers du pays insurgé, et arriver ainsi à Sarsana, petite ville située sur une rivière, à cinq milles de Lerici, sur la frontière du pays de Gênes. L'ennemi était à huit lieues de Sarsana, tous les habitants fuyaient en emportant avec eux leurs objets les plus précieux. Pour aller à Lerici, il fallait passer la rivière dans une barque, les charretiers se refusèrent de continuer leur route ; toutefois ils cédèrent devant les supplications de Carret. Les routes étaient encombrées de fuyards qui voulaient mettre la rivière entre eux et l'ennemi. Le passage au moyen d'une barque était devenu, par suite de l'affluence, extrêmement difficile. Cependant Carret put traverser la rivière à minuit. Il arriva à Lerici, mais il n'y trouva ni argent ni lettres de la Compagnie romaine de transports et de la commission française de Rome. Carret pour conserver le convoi confié à sa garde, fit de

nouveau les avances nécessaires pour payer les charretiers.

Les Autrichiens étaient campés à une faible dis-
tance. L'officier français qui commandait dans les
Apennins avait mis l'embargo sur tous les bâtiments
qui se trouvaient dans le port de Lerici, afin d'assurer
sa retraite sur Spezia et les forts Sainte-Marie. Carret
ne pouvait se procurer aucun navire. Il s'adressa à
l'officier gênois qui commandait à Lerici et obtint
deux petits bâtiments bons voiliers. Le convoi fut
chargé sans retard, et l'on mit à la voile pour les
forts Sainte-Marie, où se trouvait un corsaire français. Ce corsaire consentit à escorter le convoi jusqu'à
Gênes, et le lendemain Carret entrait dans ce port.
Une frégate anglaise et un cutter croisaient devant
Oneille et interceptaient la communication entre
Gênes et Nice, le convoi ne pouvait donc continuer
sa route, mais bientôt l'apparition de la flotte française dans la Méditerranée força les bâtiments anglais à se retirer. Carret mit immédiatement à profit
cet événement, il se fit accompagner par un aviso,
et mit à la voile pour Nice, où il débarqua tout son
convoi.

A Gênes, Carret avait joint à son convoi trois ballots contenant les vingt-trois tapisseries du Vatican,
d'après les cartons de Raphaël. Ces tapisseries avaient
été vendues à divers particuliers lors de la vente
du mobilier du pape, et depuis elles avaient été achetées par la commission française à Rome, pour la
France.

Nice était au pouvoir des Français, mais on avait
des craintes sur l'évacuation. Carret fit un traité avec

la Société Leclerc et C⁰, pour le transport des quatre-
vingt-dix-neuf caisses et des trois ballots jusqu'à Lyon.
Cette Compagnie devait faire l'avance des dépenses
et du fret depuis Gênes jusqu'à Lyon.

Les caisses et les ballots arrivèrent à Lyon. Une
partie du convoi fut dirigée sur Paris ; elle comprenait quarante et une caisses et les tapisseries du
Vatican. Au nombre des caisses s'en trouvait une
destinée à la Bibliothèque du Panthéon (aujourd'hui
Sainte-Geneviève), et portant le n° 416. Elle fut
remise à la Bibliothèque le 6 messidor an VIII.

Cinquante-huit caisses restèrent à Lyon pendant
dix mois faute d'argent pour le payement des frais de
transport faits et à faire. Carret réclama à diverses
reprises et sans succès leur envoi à Paris ; d'un
autre côté, M. Millin, conservateur de la Bibliothèque nationale, adressa une lettre au ministre de
l'intérieur pour appeler son attention sur plusieurs
caisses de livres venant de Rome, destinées pour les
différentes bibliothèques de Paris, et qui depuis dix
mois étaient retenues à Lyon.

Les caisses arrivèrent enfin à Paris. La Bibliothèque du Panthéon reçut, le 4 pluviôse an IX,
quatre caisses *contenant des livres,* elles portaient les
n°⁸ 401, 402, 403 et 404.

Il y avait cinq caisses pour la Bibliothèque de
l'École polytechnique (n°⁸ 398, 399, 400, 409 et 417)
et vingt-neuf pour la Bibliothèque nationale.

Le 20 floréal an IX, les conservateurs de la Bibliothèque du Panthéon adressèrent au ministre de l'intérieur l'état des livres qu'ils avaient reçus de Rome.

Le 22 floréal, le conservateur de la Bibliothèque

nationale envoya au même ministre l'état des objets renfermés dans vingt-neuf caisses venues de Rome.

La Commission française à Rome avait rempli au mois de mai 1798 sa mission relative aux monuments des sciences et des arts. Monge avait quitté Rome, et Daunou devait y rester encore un mois. Le 22 mai (3 prairial an VI), il écrivit à Lareveillère-Lépaux, l'un des membres du Directoire : « *Nous* « *avons terminé les opérations relatives aux objets* « *d'art. Nous avons de quatre cent cinquante à cinq* « *cents caisses, et nous vous enverrons des états de ce* « *qu'elles contiennent en livres, manuscrits, médailles* « *antiques, tableaux, marbres, statues, gravures,* « *poinçons et caractères. La Bibliothèque nationale,* « *l'Imprimerie et le Muséum feront de très-riches ac-* « *quisitions.* »

Daunou quitta Rome vers la fin de juin.

La seconde Commission romaine, ainsi qu'il a été dit précédemment, avait fait expédier quatre-vingt-dix-neuf caisses à Paris, contenant les objets les plus précieux parmi ceux recueillis. Mais il restait encore à Rome un nombre considérable de monuments des sciences et des arts choisis par la France, lorsque, le 6 frimaire an VII, le général Championnet évacua Rome et se retira avec l'armée française à Civita-Castellana, laissant une garnison française dans le château Saint-Ange,

L'armée napolitaine, commandée par le général autrichien Mack et par le roi de Naples, entra dans Rome le 9 frimaire ; la commission française, le consulat, le sénat, le tribunat romains, les autorités constituées de la république romaine, une partie de la garde nationale de Rome, avaient suivi l'armée française et s'étaient retirés à Civita-Castellana.

Le 14 frimaire, 4,000 Napolitains vinrent attaquer l'armée française à Civita-Castellana. Repoussé par le général Macdonald et par le général Kellermann, l'ennemi perdit 23 pièces de canon, 65 caissons, 8 à 9 0 chevaux, 52 officiers, et 2,000 prisonniers. Quelques jours après, le 19, le général Macdonald attaqua les Napolitains devant la ville de Calvi. Après un combat très-vif, l'ennemi, rejeté dans la ville et cerné de toutes parts, se rendit à discrétion. 5,000 Napolitains furent faits prisonniers.

Le 24, le général Macdonald entra dans Rome, que les Napolitains avaient abandonnée. En fuyant ils avaient laissé un nombre considérable d'objets précieux qu'ils avaient recueillis et qu'ils devaient transporter à Naples. Championnet s'en empara au nom de la France et les destina au Musée.

Voici la proclamation adressée par lui, le 28 frimaire an VII, à l'armée de Rome, et l'arrêté pris à cet effet :

« Camarades,

« Il est une conquête précieuse que vous avez
« faite en entrant dans Rome, après avoir mis en
« fuite l'ennemi; c'est une infinité d'objets du plus
« grand prix, monuments des arts et des sciences,
« dont les Napolitains avaient formé des magasins
« et que dans leur fuite rapide ils n'ont pas eu le
« temps d'emporter; les statues, les tableaux que
« vous avez conquis au prix de votre sang sur l'en-
« nemi sont une propriété de l'armée. Je crois

« remplir son vœu en les offrant en votre nom à
« notre gouvernement. Dans tous les temps ils ser-
« viront de monument de votre gloire et de votre
« valeur ; en entrant dans les musées de la France,
« chacun de vous en contemplera les chefs-d'œuvre
« et pourra dire avec orgueil : Et moi aussi j'ai con-
« tribué à embellir ma patrie.

« Signé, Championnet. »

« Le général en chef, instruit qu'il existe dans
« Rome une infinité de magasins renfermant des mo-
« numents des arts et des sciences, sur lesquels sont
« apposés des scellés aux armes du roi de Naples.

« Considérant que l'abandon que l'ennemi a fait
« de ces magasins n'est qu'une suite de la marche
« rapide et valeureuse de l'armée française, arrête :

« Article 1er. Tous les magasins renfermant des
« objets d'arts et de sciences, sur lesquels ont été
« apposés les scellés aux armes du roi de Naples,
« sont déclarés de bonne prise et deviennent pro-
« priété de l'armée française de Rome.

« Art. II. Les citoyens Arcambal, commissaire
« ordonnateur en chef de l'armée ; Romieux, mon
« aide de camp, et Joubert frères, banquiers de .
« Rome, sont chargés de lever les scellés apposés
« sur lesdits magasins, de dresser inventaire des
« objets qu'ils renferment et de les remiser dans les
« salles les plus propices du château Saint-Ange.

« Art. III. L'inventaire dressé, lesdits objets
« seront encaissés et adressés au Directoire exécutif
« de la République française, au nom de l'armée
« de Rome.

« Art. IV. Les citoyens Joubert sont chargés de
« faire transporter lesdits objets à Paris.

« Art. V. Le présent arrêté sera mis à l'ordre
« de l'armée, imprimé et affiché dans la ville de
« Rome ; des copies en seront adressées au Direc-
« toire exécutif de la République française, aux
« ministres de la guerre et de l'intérieur.

« Signé : CHAMPIONNET. »

Championnet poursuivit l'armée napolitaine ; le
24 frimaire il s'empara de Gaëte, et le 21 nivôse il
signait un armistice qui le mettait en possession de
Capoue. Le roi effrayé quitta Naples et s'em-
barqua avec sa famille et ses richesses sur la flotte
anglaise pour se réfugier en Sicile. La ville de Naples fut abandonnée aux lazzaroni. Pendant plusieurs jours elle devint le théâtre de séditions, de
pillages et de brigandages. Appelés par les vœux
d'une partie de la population, les Français entrèrent
à Naples après trois jours de combats le 22 janvier
1799 (4 pluviôse an VII). Le lendemain, Championnet constituait la république Parthénopéenne.

Les succès de l'armée française se continuèrent
jusqu'au jour où Championnet, disgracié par le Directoire, fut traîné de brigade en brigade devant un
conseil de guerre, convoqué à Milan.

L'année 1798 avait été illustrée par les plus grands
succès de l'armée française ; sans cesse victorieuse,
elle s'était emparée de toute l'Italie ; 1799 fut une
année néfaste, les désastres se succédèrent sans relâ-
che. L'armée de Naples, continuellement repoussée,
battit en retraite et se retira dans le nord de l'Italie.

Mais bientôt ces désastres cessèrent par la volonté, par le génie d'un seul homme : le général Bonaparte, revenu d'Égypte, débarqua à Fréjus le 17 vendémiaire an VIII (9 octobre 1799) ; il arriva à Paris le 24, et quelques jours après, le 18 brumaire (9 novembre), il sauva la France déchirée par l'anarchie. Ce qu'il avait fait pour la France, il le fit pour l'Italie. La bataille de Marengo, gagnée le 14 juin 1800, replaça sous la domination française la Lombardie, le Piémont et la Ligurie. Murat fut nommé au commandement de l'armée de la marche d'Ancône, et reçut la mission d'aller replacer sur le trône pontifical le pape Pie VII, qui avait été élu à Venise le 9 mars 1800.

La France n'avait pas renoncé à ses droits de propriété sur les monuments des arts et des sciences recueillis à Rome en l'an VI, et qui n'avaient pu être envoyés à Paris. Le 11 floréal an IX (2 mai 1801), Dufourny, membre de l'Institut, fut envoyé en Italie par le ministre de l'intérieur, pour y surveiller *la restitution et l'envoi en France, non-seulement des objets d'art enlevés par les Napolitains lors de leur rentrée à Rome, mais encore de tous ceux qui pourraient appartenir à la République française* [1].

Le 13 du même mois de floréal, les consuls prirent un arrêté portant que les objets d'art remis et déposés à Rome par les commissaires ou agents du gouvernement français seraient expédiés à Paris, quelle que fût leur origine.

Pour faciliter la mission donné à Dufourny, Chaptal, ministre de l'intérieur, lui remit les listes

---

[1] *Moniteur* du 12 floréal an IX.

des livres et manuscrits reçus, en messidor an VIII et en pluviôse an IX, par la Bibliothèque nationale et la Bibliothèque du Panthéon. Ces listes, ainsi qu'il a été dit précédemment, avaient été adressées par les conservateurs de ces bibliothèques au ministre de l'intérieur, les 20 et 22 floréal an IX. Elles devaient être d'une grande utilité à Dufourny pour se faire livrer tous les objets non remis.

Deux mois après, le pape Pie VII signait avec la France un concordat à la date du 26 messidor an IX. Ainsi donc, dans ces dernières circonstances comme précédemment, la France agissait publiquement, sous les yeux du souverain de Rome. Dufourny remplit sa mission et la termina le 1er vendémiaire an XI [1].

L'exposé très-restreint de ces faits démontre, avec la dernière évidence, la légitime possession par la France des monuments des arts et des sciences envoyés d'Italie à Paris. Ces monuments sont de précieux trophées de notre gloire militaire. La France en est fière et elle doit se montrer sévère pour en conserver la possession.

La légitime possession de la France n'a pas été seulement contestée, on a été jusqu'à alléguer qu'en 1815, le roi Louis XVIII s'était engagé à restituer les glorieux trophées de la guerre d'Italie, et qu'un conservateur de la Bibliothèque impériale avait, au mépris des traités, caché des volumes ou avait rendu des exemplaires défectueux. C'est là une nouvelle calomnie. La France et son gouvernement n'ont rien

---

[1] Voir ci-après les pièces inédites formant l'appendice.

promis à cet égard en 1814 et en 1815, et lorsque le savant M. van Praët, devant la violence des ennemis, parvenait à sauver quelques-uns des précieux volumes venus d'Italie, loin d'encourir le mépris, il faisait une noble et courageuse action qui lui méritait l'estime des honnêtes gens. M. van Praët a conservé à la France plusieurs monuments de sa gloire militaire, et ce n'est pas là un des moindres services qu'il a rendus à la Bibliothèque impériale.

La France a conservé la possession paisible et non contestée de tous les objets d'arts et des sciences qui avaient été recueillis en pays étranger, pendant la République et l'Empire, jusqu'au mois de juillet 1815. Le traité de paix du 30 mai 1814 consacre cette possession, et n'oblige la France qu'à remettre les archives des pays cédés.

Après la bataille de Waterloo, les armées anglaise et prussienne s'étaient avancées sur Paris. Le 4 juillet 1815, une convention fut signée à Saint-Cloud, entre les commissaires des commandants en chef des armées respectives, pour faire cesser les hostilités. L'article 11 de cette convention est ainsi conçu : « Les propriétés publiques, à l'exception de celles « qui ont rapport à la guerre, soit qu'elles appar- « tiennent au gouvernement ou qu'elles dépendent « des autorités municipales, seront respectées, et « les puissances alliées n'interviendront en aucune « manière dans leur administration et direction. »

Cet article dans le projet primitif portait « les propriétés publiques et le Musée. » Blücher fit supprimer le mot « Musée » et ajouter : « à l'exception de celles qui ont rapport à la guerre. » Blücher se promettait, à l'aide de cette suppression, d'obtenir la remise des tableaux et statues provenant de la Prusse, et qui se trouvaient au Musée. Il espérait aussi, à l'aide de son addition vague, faire sauter le pont d'Iéna, pour effacer le souvenir de la sanglante défaite de l'armée prussienne.

Les Anglais et les Prussiens n'entrèrent à Paris que sous la foi de l'exécution de la convention de Saint-Cloud. Cette convention devait être observée et prise pour règle des relations mutuelles, jusqu'à la conclusion de la paix.

L'exception admise à l'égard *des propriétés publiques ayant rapport à la guerre* a eu pour but de faire respecter *toutes les autres* propriétés publiques de Paris, et par suite aussi bien le Musée que les bibliothèques. La suppression du mot *Musée* n'a pas eu pour effet de soustraire nos galeries de tableaux et de statues à l'inviolabilité que la convention de Saint-Cloud assurait aux propriétés publiques; il eût fallu pour obtenir ce résultat qu'elles fussent comprises nominativement dans l'exception, c'est-à-dire que l'art. 11 fût ainsi conçu : « Les propriétés publiques, à l'exception du *Musée* et de celles qui ont rapport à la guerre, etc. » La suppression cachait une arrière-pensée, rien de plus; elle n'a pu créer aucun droit. L'esprit et la lettre de la convention ne permettent pas une autre interprétation.

L'armée française avait quitté Paris et était allée prendre position derrière la Loire. Paris était au pouvoir des ennemis. Ils avaient la force et ils en usèrent jusqu'à la violence. Blücher installa deux bataillons prussiens dans le Musée et fit militairement

enlever les tableaux qui avaient pu appartenir à la Prusse et aux petits États allemands. Wellington, circonspect et méthodique, fut chargé d'adresser au roi une réclamation du ministre des Pays-Bas pour la remise des tableaux de la Hollande et de la Belgique. Aucune réponse ne lui fut faite. Wellington réitéra sa demande, et le roi répondit par un refus :
« Si les agents du gouvernement provisoire [1] avaient
« jugé convenable d'abandonner des objets d'art
« dont la possession avait été garantie à la France
« par le traité de paix de 1814, plus soucieux de la
« dignité de la couronne et des intérêts du royaume,
« il ne pouvait ratifier ce sacrifice. » Wellington insista de nouveau, et le roi répondit qu'il ne donnerait aucun ordre. Mais le Musée était au pouvoir des Prussiens; ils avaient la force, ils continuèrent d'user de violence, et le ministre des Pays-Bas put s'emparer des tableaux qu'il avait demandés. Ce succès enhardit les représentants des autres puissances, le Musée et bientôt après la Bibliothèque impériale se virent enlever par les soldats ennemis les glorieux trophées qu'ils renfermaient.

A la Bibliothèque impériale, un conservateur, M. van Praët, eut le courage de soustraire un certain nombre de livres précieux, et il fit en cela une bonne et patriotique action.

Aucune réclamation ne fut faite à la Bibliothèque Sainte-Geneviève, et elle demeura en possession de tous ses livres.

---

[1] L'article II de la convention de Saint-Cloud ne concède aucun droit de reprise au profit des ennemis, ainsi qu'il a été dit précédemment.

Le gouvernement de la France a été impuissant, en 1815, pour résister à la force, et il a subi une violence contraire à la bonne foi des traités ; mais il n'a pris aucun engagement, et dès lors il n'a pas manqué aux promesses que l'on allègue qu'il aurait faites.

Le traité du 20 novembre 1815 ne stipule aucune restitution de tableaux, statues, œuvres d'art, livres, manuscrits et médailles. Il n'a pas non plus consacré ni légitimé la spoliation faite du Musée et de la Bibliothèque impériale ; il a imposé à la France une seule et unique indemnité de guerre de 700 *millions en argent.*

Quelques années après, un nouveau traité intervint entre la France et les autres puissances. Ce traité, œuvre du duc de Richelieu, signé à Aix-la-Chapelle le 9 octobre 1818, libérait le territoire français de la présence des soldats étrangers. Il déclarait en outre que tous les comptes entre la France et les puissances étrangères avaient été réglés et arrêtés.

Ce traité mettait fin à toutes réclamations, de quelque nature qu'elles pussent être.

# CHAPITRE V



## DES COLLECTIONS PARTICULIÈRES ET DES COLLECTIONS PUBLIQUES.

Les œuvres de l'homme n'ont point de durée, comme lui elles sont mortelles. L'édifice qu'il élève, auquel il consacre ses jours et ses veilles, périra tôt ou tard et ne laissera que des ruines. Les collections que forment les amateurs sont des œuvres essentiellement humaines, elles n'ont point de durée et disparaissent à un jour donné. Ce que l'homme a amassé au prix des plus grands sacrifices, ce qui a été l'objet de ses peines, de ses soins, de son amour et de son culte, sera nécessairement dispersé par la mort, les tempêtes politiques ou la ruine. Que sont devenues en effet les belles bibliothèques formées par les de Thou, par le comte d'Hoyn, par la comtesse de Verrue, par l'abbé de Rothelin, par M. Bertin, par les plus illustres savants et par les plus grands personnages? Que sont devenues les galeries de tableaux de M. Crozat, de M. Gaignat, de M. Randon de Boisset,

de la duchesse de Berry, du comte de Sommariva,
du cardinal Fesch, de M. Aguado, du roi Guil-
laume II de Hollande, du maréchal Soult, du duc
d'Orléans, du roi Louis-Philippe? Le marteau du
commissaire-priseur les a détruites, et quelques heu-
res ont suffi pour disperser la collection que pendant
toute sa vie un homme s'était efforcé de réunir.

Nous avons vu vendre publiquement, il y a peu
d'années, de précieuses bibliothèques, la joie et l'orgueil de leurs propriétaires. Nous avons vu les livres
recueillis avec passion quitter la demeure de leur
maître et figurer sur la table de la salle des ventes.
Pourquoi donc alors collectionner, puisque la mort
ou la ruine viendront détruire en un seul moment ce
qui a été le but de l'existence tout entière, ce qui a
coûté peines, soins, études, travaux incessants, ce
qui a été la cause de bien des privations?

L'homme qui collectionne se propose une double
fin, ou bien il amasse pour le développement de ses
connaissances et pour le perfectionnement de ses
travaux scientifiques et littéraires, ou bien il réunit
pour posséder des choses précieuses. Dans le premier cas il fait bien; il est beau et noble de travailler,
d'apprendre et d'augmenter la somme des connaissances humaines. Dans le second cas, la vanité le
guide, et il a choisi un mauvais but.

Les collections particulières n'ont qu'une utilité
relative, elles ne profitent qu'à un seul, quelquefois
à plusieurs, mais la somme des profits est toujours
essentiellement restreinte. Il n'en est point ainsi des
collections publiques; ouvertes à tous, elles profitent
à tous. Foyers de toutes les lumières, les biblio-

thèques publiques donnent aux sciences et aux lettres la plus utile et la plus légitime impulsion. Centres de toutes les connaissances humaines, elles les mettent à la portée de tous ; elles préparent les progrès de l'intelligence et les découvertes de l'avenir. Perpétuelles comme l'État, elles rendent chaque jour de nouveaux services, et contribuent puissamment à la marche de la civilisation.

Encourager et protéger les bibliothèques publiques, c'est le devoir d'un gouvernement sage et ferme ; conserver et maintenir les collections, c'est l'obligation de tout bon citoyen. Ainsi donc, lorsqu'une lutte égale s'engage entre une collection particulière et une collection publique, la détermination de l'homme de bien ne peut être douteuse, l'intérêt de tous devant toujours passer avant l'intérêt privé. J'ai dit une lutte égale, et à plus forte raison la décision doit-elle être la même lorsque le bon droit, l'équité, la justice, la vérité, militent en faveur de la bibliothèque publique.

Le *Breviarium Romanum*, objet de la contestation existant entre la Bibliothèque Sainte-Geneviève et M. Solar, est bien en réalité la propriété prouvée et incontestable de cette Bibliothèque, quelle peut donc être la cause de la difficulté ? M. Solar craindrait-il de perdre la somme qu'il a payée à M. Demichelis pour prix de ce livre (2,500 fr.)? Cela ne peut être : M. Solar a formé une demande en garantie contre M. Demichelis, ce dernier ne la conteste pas, et il ne pourrait d'ailleurs sérieusement la contester. On n'allègue rien en outre contre sa solvabilité. M. Solar ne peut donc avoir d'inquiétude pour ses 2,500 fr.

M. Solar a cultivé et cultive encore les lettres, mais le livre revendiqué n'est point un livre de belles-lettres, c'est un ouvrage de théologie (pour être exact) de liturgie, et personne ne pensera que M. Solar étudie la liturgie romaine antérieure au concile de Trente. Lorsque S. Ém. Mgr le cardinal Mathieu désirait consulter le *Breviarium Romanum* de 1478, il s'occupait de l'importante question de la liturgie romaine, et il avait besoin de consulter un livre antérieur au concile de Trente. L'exemplaire de la Bibliothèque Sainte-Geneviève avait été volé, on ne put satisfaire au désir du savant archevêque de Besançon, et il est regrettable d'avouer que le but utile des Bibliothèques publiques n'ait pu alors être atteint par suite de la mauvaise action d'un voleur. Si le livre était resté dans l'armoire vitrée et fermée à clef de la Bibliothèque Sainte-Geneviève, Son Eminence aurait pu se procurer des documents précieux pour ses importants travaux. L'absence d'un livre unique crée souvent à l'écrivain de sérieuses difficultés et peut entraver la création d'une œuvre utile.

M. Solar désire peut-être conserver le *Breviarium Romanum* à cause de sa grande valeur et de sa rareté, comme un objet précieux et de curiosité. S'il en était ainsi, le motif serait peu louable, alors surtout que la possession du livre ne peut lui être conservée qu'au préjudice des établissements de l'Etat et au détriment de l'intérêt public.

Si ces divers motifs de la contestation de M. Solar ne sont pas les vrais, il n'en peut exister d'autre que le suivant, encore moins louable que le dernier, l'envie de décocher de *spirituelles petites méchancetés* à l'adresse des bibliothèques, de leurs administrateurs, conservateurs et bibliothécaires. Le thème est malheureusement usé ; il n'y a rien de nouveau à dire aujourd'hui, et il ne resterait qu'à répéter ce que contiennent les brochures nées de 1848 à 1851 à l'occasion de l'affaire Libri et de l'affaire de l'autographe de Montaigne.

L'adversaire actuel de M. Solar n'est pas M. Naudet, mais bien le Ministre de l'instruction publique, et je ne sache pas que le zèle et le dévouement qu'il consacre à la chose publique puissent être l'objet d'une critique quelconque. Sa haute intelligence, son ardent amour du bien public, lui ont déjà fait faire de grandes et utiles réformes ; par ce qu'il a fait, il a conquis non seulement l'estime, mais encore la reconnaissance des bons citoyens.

Il s'est rencontré, il y a dix-neuf ans, un conservateur faible et incapable, qui a méconnu ses devoirs, et qui par une coupable complaisance a été la cause des vols importants commis à la Bibliothèque Sainte-Geneviève ; la défense de cet homme n'a point été présentée, bien loin de là, le blâme le plus énergique a été déversé sur sa conduite, et sa mémoire a été abandonnée à la réprobation universelle.

Si c'est contre lui que M. Solar veut faire plaider, le champ lui est librement accordé, mais comme M. Chavin, M. Robert est mort, et cela est heureux pour tous deux, car la justice du pays aurait fait expier au premier ses coupables méfaits, et la sévérité du ministre de l'instruction publique aurait puni le second de l'oubli de ses devoirs.

Quant aux hommes honorables qui administrent aujourd'hui la Bibliothèque impériale et la Bibliothèque Sainte-Geneviève, et à leurs savants et dignes collaborateurs, la malignité des ennemis des bibliothèques ne saurait les atteindre. Ils donnent chaque jour, dans l'exercice de leurs importantes fonctions, des preuves constantes de leur science, de leur zèle et de leur dévouement. Tous ceux qui fréquentent les deux bibliothèques et qui voient à l'œuvre administrateurs, conservateurs, bibliothécaires et employés, font justice des allégations et des attaques qui pourraient se produire. Ce sont des témoins impartiaux que l'on ne peut récuser. Les immenses services que les bibliothèques publiques rendent aux lettres et aux sciences attestent d'heureux résultats dus à de hauts mérites.

Je suis heureux, puisque la circonstance m'en donne l'occasion, de témoigner ma sincère reconnaissance à M. le comte de Laborde, directeur général des Archives de l'empire, et à MM. Ravenel, Natalis de Wailly, Richard, Claude, Ernest Renan, Léopold Delisle, Georges Duplessis, de la Bibliothèque impériale, et Pinson, de la bibliothèque Sainte-Geneviève, pour le dévoué, utile et précieux concours qu'ils ont bien voulu me prêter dans les diverses affaires dont j'ai été chargé pour les deux bibliothèques.

Les meilleures choses, au surplus, ont toujours été l'objet d'attaques plus ou moins passionnées. Ces attaques n'ont de valeur que celle des hommes dont elles émanent. Lorsqu'elles sont désintéressées, elles peuvent présenter un certain degré d'utilité, mais lorsque l'intérêt seul les fait naître, elles ne doivent être considérées que comme la satisfaction personnelle d'un mécontentement, d'une déception et même d'une rancune.

Les bibliothèques n'ont rien à craindre d'ailleurs de ces attaques ; elles sont fortes de leur bon droit et de l'accomplissement d'un impérieux devoir, celui de faire rendre à l'État de précieuses propriétés criminellement détournées.

# CHAPITRE VI



## DU DROIT ABSOLU DES BIBLIOTHÈQUES PUBLIQUES DE REPRENDRE LES LIVRES, MANUSCRITS, MÉDAILLES, ESTAMPES, ETC., VOLÉS, SANS INDEMNISER LES DÉTENTEURS.

Dans l'écrit publié au mois d'août 1858, j'ai démontré avec la jurisprudence de la Cour de cassation et de la Cour impériale de Paris[1] le principe de l'inaliénabilité et de l'imprescriptibilité des livres, manuscrits et estampes volés aux bibliothèques publiques. La conséquence de ce double principe est que la bibliothèque publique, qui est toujours demeurée propriétaire du livre volé, doit le reprendre sans indemnité dans les mains du détenteur ; *ce livre n'ayant jamais cessé d'être sa propriété et n'étant pas dès lors devenue celle du détenteur.* Le droit de propriété ne peut, en effet, admettre l'existence de deux

---

[1] Arrêt de la Cour de cassation, 10 août 1841.

* Arrêt de la Cour impériale de Paris, 3 janvier 1846. Affaire de l'autographe de Molière.

A cet arrêt on peut joindre l'arrêt de la même Cour, rendu sous la présidence de M. le premier président Troplong, le 18 août 1851, dans l'affaire de l'autographe de Montaigne.

propriétaires différents pour une seule et même chose [1].

M. Solar conteste ce principe et demande que les bibliothèques ne rentrent dans la possession de leurs livres volés qu'à la condition de rembourser aux détenteurs les sommes qu'ils auraient payées pour l'acquisition. Cette prétention de M. Solar n'est pas nouvelle; il l'a trouvée dans les brochures publiées, il y a dix ans, par les adversaires des bibliothèques. Le temps ne l'a pas améliorée, et elle est aussi condamnable aujourd'hui qu'elle l'était autrefois.

Admettre la prétention de M. Solar, c'est détruire le principe de l'inaliénabilité des biens du domaine public; c'est reconnaître qu'ils peuvent se trouver dans le commerce et avoir un prix de vente.

C'est, en outre, donner au vol des choses de l'Etat, le plus déplorable encouragement, car ce vol aura nécessairement pour conséquence un lucre. Un livre volé, ayant un prix de vente certain, pourra toujours être vendu ; et il sera vendu avec d'autant plus de sécurité que l'acheteur ne perdra rien, sa dépossession ne pouvant avoir lieu qu'à la charge d'une complète et préalable indemnité.

Voler un livre aujourd'hui, sous l'empire de la doctrine de l'inaliénabilité et de l'imprescriptibilité, c'est s'exposer sans aucun avantage pécuniaire à une peine correctionnelle ; mais voler demain, si la prétention de M. Solar était admise, c'est se créer un profit certain, avec la possibilité d'éviter la peine correctionnelle.

---

[1] La vente de la chose d'autrui est nulle. Art. 1599 du Code Napoléon.

Cette prétention est contraire, non-seulement aux principes du droit, mais encore à ceux de la morale. Elle aurait pour résultat immédiat la spoliation et la ruine des bibliothèques publiques. Les livres, les objets d'art les plus rares et les plus précieux, les manuscrits uniques deviendraient l'objet de la convoitise des voleurs. Tôt ou tard, ils tomberaient dans leurs mains, et de là dans celles d'amateurs peu scrupuleux. Pour reprendre à ces détenteurs peu scrupuleux les choses du domaine public qu'ils auraient achetées, l'Etat serait tenu de rembourser le prix réel ou fictif d'une vente sérieuse ou simulée ; son argent servirait à payer une seconde fois ce qui aurait été précédemment acheté par lui, et les finances du pays seraient ainsi odieusement gaspillées dans l'intérêt exclusif des voleurs.

La Bibliothèque impériale, la bibliothèque Sainte-Geneviève, les autres bibliothèques publiques de Paris possèdent des raretés du plus grand prix, des livres et des manuscrits valant 10, 12, 15,000 francs, et même plus. Ces raretés-là seraient principalement volées, et pour en recouvrer la possession, l'Etat devrait débourser des sommes considérables.

L'Etat pourrait un jour se fatiguer de payer deux, trois ou quatre fois sa propre chose ; il y aurait alors abandon et par suite appauvrissement et diminution des collections nationales.

Le budget devrait contenir un crédit spécial pour le rachat des choses volées ; il est à craindre que ce crédit n'augmente chaque année. Il est en effet peu probable que des vols aussi lucratifs que ceux des choses du domaine public diminuent ou disparaissent;

tout indique, au contraire, qu'ils progresseront et accroîtront tous les ans les pertes du Trésor public. Le résultat de la proposition de M. Solar est donc d'enrichir et d'encourager les voleurs, de détruire peu à peu les collections de l'Etat, et de gaspiller les finances du pays. Un tel résultat fera justice de la proposition; les vrais principes continueront d'être appliqués ; le vol n'aura pas de protection ; les collections publiques seront maintenues et défendues, et le budget de l'Etat ne contiendra point un chapitre consacré à l'enrichissement des voleurs.

Si la bibliothèque publique est demeurée propriétaire (et ce principe est incontestable), son droit de propriété est resté entier, absolu, avec toutes ses conséquences et ses rigueurs. Jamais un droit de détention vicieux dans son origine ne pourra donc amoindrir le droit sacré de la propriété.

Qu'on ne vienne pas dire, comme moyen de défense, que le vol d'une chose de l'Etat (même par suite de l'incurie ou de la négligence de l'employé chargé de la conserver) peut être assimilé à une faute engageant la responsabilité de l'Etat. Un pareil argument serait sans valeur : il est péremptoirement détruit par le principe tutélaire de l'inaliénabilité et de l'imprescriptibilité ; il serait d'ailleurs bien mal placé dans la bouche du détenteur, qui tient sa possession du voleur et qui le représente devant la justice civile. Si le voleur ne peut invoquer la prétendue faute et la prétendue responsabilité de l'Etat, son ayant cause, son représentant n'a pas plus de droits que lui, et se trouve dans une position identique.

Si une faute a été commise, si une responsabilité

doit être encourue, certes c'est bien par le détenteur, qui n'a pu ignorer l'origine vicieuse de la chose qu'il achetait.

Les lacérations, les mutilations, dont les livres volés par l'abbé Chavin de Malan portent de si déplorables traces, devaient ouvrir les yeux de tout acheteur clairvoyant. Des tentatives de réparation ont été faites pour les faire disparaître. A quelle époque, nous n'en savons rien, mais lors des saisies pratiquées chez M. Demichelis, plusieurs volumes n'ont pu être immédiatement représentés, ils étaient chez le relieur et chez le réparateur, pour dissimuler les lacérations et les mutilations. Nous avons trouvé un certain nombre de pages quarante-unièmes détachées des volumes et dont les marges inférieures avaient été réparées. Les marges inférieures portaient cette mention : *Ex libris Sanctæ Genovefæ Parisiensis;* elles avaient été coupées, et une pièce avait été assez habilement recollée pour dissimuler la lacération. Ces quarante-unièmes pages étaient encore détachées du livre. Certes, l'attention de l'acheteur avait été forcément attirée sur ces faits.

Parmi les livres saisis, un porte encore l'estampille de la Bibliothèque impériale à la page cent-unième.

Que conclure de tous ces faits? c'est que les livres ont pu être examinés lors de la vente avec une grande légèreté, ce qui est une faute engageant la responsabilité de l'acquéreur.

Mais si l'examen a été sérieux et intelligemment fait, ce ne serait plus une faute qui aurait été commise, il y aurait là une action mauvaise et condamnable.

Au surplus, l'acheteur doit connaître le vendeur; s'il ne le connaît pas, s'il traite avec un voleur, un étourdi, un ignorant, un insolvable, un homme de mauvaise foi, un incapable, tant pis pour lui ; les relations d'affaires doivent être sûres, sérieuses et honorables. C'est là une loi fondamentale de la société : l'homme qui s'en écarte commet une imprudence et encourt une responsabilité.

Il est utile de faire remarquer ici que tous les livres et estampes saisis, à l'exception de deux ouvrages, portaient les marques distinctives de propriété de la Bibliothèque impériale et de la Bibliothèque Sainte-Geneviève, c'est-à-dire des estampilles ou des mentions d'*ex libris*. Ces marques ont été très-inhabilement effacées, et les nombreuses lacérations et mutilations que les livres contiennent ne laissent aucun doute sur l'origine illégitime des objets saisis-revendiqués. Ainsi les titres sont grattés, enlevés ou refaits ; les feuillets de garde portant les lettres et numéros du catalogue ont été arrachés ; les pages sur lesquelles existaient l'estampille ou la mention d'*ex libris* ont été coupées ; quelques pages ont des pièces assez mal mises de la forme et de la grandeur de l'estampille : dans ces derniers cas, quelques lignes du texte ont été refaites à la main; les étiquettes du legs Letellier ont été enlevées ou recouvertes par un feuillet de garde collé sur la couverture intérieure ; enfin tous portent la trace des rondelles qui ont été décollées.

Ces divers caractères réunis sur chaque volume ne laissent aucune illusion sur la provenance des livres saisis.

Les deux livres qui n'ont point d'estampille[1] : l'*Homère* sur vélin des Aldes, de 1504, saisi chez M. Didot, et le *Breviaire romain*, également sur vélin, de Jenson, 1478, saisi chez M. Solar, sont tous deux très-rares et très-précieux ; ils sont décrits dans l'excellent ouvrage du savant M. van Praët, le *Catalogue des livres imprimés sur vélin*. Ce catalogue jouit de la réputation la mieux méritée ; il est le manuel, le code, la loi suprême, de tous les amateurs des livres sur vélin, et donne les renseignements les plus exacts, les plus complets sur leur origine, leur importance et leur rareté ; il fait connaître les propriétaires. Aussi n'est-il pas permis à un bibliophile qui veut acheter un livre sur vélin d'acheter sans consulter préalablement l'ouvrage de M. van Praët.

Si MM. Demichelis, Didot et Solar, avaient ouvert le livre de M. van Praët, ils auraient reconnu l'illégitime possession de l'abbé Chavin de Malan, et ils auraient été convaincus que l'*Homère* et le *Bréviaire* avaient été volés à la Bibliothèque Sainte-Geneviève.

Un livre de 2,500 francs, de 3,600 francs, ne se vend pas comme un livre de 1 franc ; *c'est un objet d'art*, or, l'acquisition d'un objet d'art exige de sérieuses réflexions et une véritable science. A quoi donc serviraient les ouvrages de bibliographie, s'ils ne devaient pas être consultés, s'ils ne devaient pas fournir de précieux documents au vendeur et à l'acheteur ?

[1] Mais ils avaient des rondelles, et la trace de l'enlèvement des rondelles se voit sur chaque volume.

Ces ouvrages sont le guide indispensable de tout amateur de livres ; sans leur secours, il ne peut se former une véritable bibliothèque

Le *Bréviaire romain de* 1478, que la Bibliothèque Sainte-Geneviève revendique, est un livre précieux, propriété du domaine public ; il est en outre un TROPHÉE DE LA PLUS HAUTE GLOIRE MILITAIRE DE LA FRANCE. A ce double titre il doit être rétabli dans le patrimoine de l'État.

Important et glorieux monument de la conquête d'Italie, il appartient au pays, et ne peut rester en la possession d'un simple particulier.

La défense des droits de la Bibliothèque Sainte-Geneviève a été et devait être énergique; il ne fallait pas seulement repousser des prétentions iniques et des doctrines immorales, il fallait conserver à la France de précieuses propriétés et la preuve éclatante de sa gloire.

# APPENDICE

---

## DOCUMENTS INÉDITS.

Parmi les nombreuses pièces administratives et diplomatiques que M. le comte de Laborde, directeur général des Archives de l'Empire, a fait mettre, avec la meilleure grâce, à ma disposition, j'ai trouvé la preuve du droit absolu de propriété de la France sur les monuments des sciences et des arts envoyés d'Italie à Paris pendant le Directoire et le Consulat. J'aurais voulu pouvoir publier toutes ces pièces, mais les limites que je me suis imposées ne me le permettent pas. Cependant je crois indispensable de mettre sous les yeux du lecteur quatre pièces du plus haut intérêt, relatives à la mission donnée à Dufourny, membre de l'Institut, par les consuls, en floréal an IX.

La première est le rapport présenté au premier consul par Chaptal , ministre de l'intérieur, le 13 floréal an IX.

La deuxième est un arrêt des consuls du même jour.

La troisième une lettre de Dufourny au premier consul, du 1er vendémiaire an IX, dans laquelle il rend un compte sommaire de sa mission.

Et la quatrième un extrait d'une lettre de Denon, directeur du Musée, du 25 messidor an XI, adressée au premier consul.

La lecture de ces pièces ne laissera aucun doute sur la légitime possession de la France.

La mission de Dufourny est le complément de toutes les missions précédemment données en Italie à Monge, Berthollet, Thouin, Tinet, Barthelémy, Daunou, Florent, Faypoult et Duport.

Elle est la consécration du droit de la France, accepté par le pape Pie VII et le roi de Naples.

Paris, le 13 floréal an IX de la République une et indivisible.

*Rapport présenté aux Consuls de la République par le ministre de l'intérieur.*

« Citoyens Consuls,

Par suite de l'art. 8 du traité de Florence, du 7 germinal, la République rentre dans ses droits sur les monuments des arts conquis par ses armées victorieuses en Italie. Quel plus beau trophée à la valeur française !...

« Le prix de ces objets est inappréciable, leur quantité est immense, chacun d'eux est digne d'entrer au Muséum national, tous commandent l'admiration !

« Je ne vous entretiendrai pas des moyens de les faire transporter en France en ce moment : ils ne peuvent venir que par mer. Un traité a été passé pour ce transport avec la compagnie Seimbert à Rome, par les commissaires du gourvernement français ; il sera nécessaire dans le temps que je me concerte avec les ministres des finances et des relations extérieures pour assurer son exécution, car le prix du transport a été stipulé payable en domaines nationaux. Je ne connais pas encore vos dispositions envers le pape à cet égard.

« Par l'état ci-joint , n° 1, vous verrez, citoyens Consuls, combien sont importantes les richesses de la République réunies à Rome; j'y envoie le citoyen Dufourny, de l'Institut national, avec les instructions les plus précises, pour qu'il rassemble ces objets et les dispose pour être expédiés en France au premier moment favorable. Cette opération sera difficile, car vous concevez qu'après la prise de Rome par les Napolitains, la majeure partie de ces monuments a dû recevoir une destination quelconque. Mon intention est d'engager le ministre des relations extérieures à donner au citoyen Cacault les instructions les plus précises pour qu'il protége les opérations du citoyen Dufourny, et fasse auprès du pape les démarches nécessaires pour assurer les droits de la République. Veuillez l'y autoriser.

« Par les pièces ci-jointes dans le dossier n° 2, vous verrez, citoyens Consuls, l'insistance extrême avec laquelle le gouvernement pontifical réclame, par l'organe du cardinal Consalvi, les objets d'art de la villa Albani. Cette collection, dont l'importance est incalculable pour les progrès de l'art, a été confisquée précédemment au nom de la nation française par les délégués immédiats du Directoire exécutif. Je vous propose de maintenir cette disposition, et de faire donner ordre au citoyen Cacault d'en assurer la possession à la République et la disposition au citoyen Dufourny.

« Par l'état ci-joint, n° 3, citoyens Consuls, vous verrez quels sont les objets d'art choisis par les Français à Naples après la conquête de ce royaume. Les artistes éprouvent un regret bien vif de ne pas voir à Paris l'*Hercule Farnèse* à côté du *Laocoon*, la belle *Flore Farnèse* à côté de l'*Apollon*, et les autres objets choisis à Naples enrichir le Muséum national, lieu de réunion des monuments des arts les plus célèbres de l'univers. Mais j'ignore jusqu'à quel point il sera possible de satisfaire à leurs justes désirs, et j'attendrai vos ordres ultérieurs à cet égard.

« Parmi les objets énoncés en l'état ci-joint, n° 5, plusieurs proviennent de confiscations faites soit sur le pape, soit sur le roi de Naples, soit sur des établissements supprimés au nom du gouvernement par les Français pendant leur séjour à Rome, soit sur la famille Albani, soit sur des Anglais ou autres sujets des puissances en guerre avec la République. Ces origines vont donner lieu à une infinité de chicanes qui éterniseront les opérations du commissaire que j'envoie à Rome. Pour lever toutes difficultés, et par suite de ce principe que l'expropriation forcée par le sort des armes n'a pu détruire les droits primitifs de la République, qui avait laissé ces objets en dépôt à Rome, j'ai l'honneur de vous proposer d'adopter le projet d'arrêté ci-joint.

« Salut et respect,

« *Signé :* CHAPTAL. »

Paris, le 13 floréal an IX de la République<br>une et indivisible.

« Les Consuls de la République, sur le rapport du ministre de l'intérieur,

« Considérant que les objets d'art réunis et déposés en divers endroits à Rome, au nom et pour le compte de la République française, doivent lui être rendus aux termes de l'art. 8 du traité de Florence, du 7 germinal, avec Sa Majesté le roi des Deux-Siciles.

« Arrêtons :

« Article 1er. Tous les objets d'art réunis et déposés à Rome par les commissaires ou agents du gouvernement français, au nom de la République, seront expédiés à Paris, quelle que soit leur origine, d'après les ordres et sous la surveillance du ministre de l'intérieur.

« Art. 2. Les agents diplomatiques de la République en Italie sont spécialement chargés de réclamer ces objets d'art, quelque destination qui leur ait été donnée, et de les faire réintégrer dans les dépôts où ils étaient avant la dernière évacuation de l'État romain par les Français.

« Art. 3. Les ministres des relations extérieures et de l'intérieur sont chargés, chacun en ce qui leconcerne, de l'exécution du présent arrêté.

« Le Premier Consul,

« *Signé :* BONAPARTE. »

Rome, le 1<sup>er</sup> vendémiaire an XI.

*Le Commissaire du Gouvernement Français pour les arts en Italie, au premier Consul de la République.*

« Citoyen premier Consul,

« Qu'il me soit permis d'interrompre vos graves occupations pour vous entretenir un moment des arts, objet de ma mission.

« La *Pallas de Velletri*, ce nouveau palladium tant disputé et dont la conquête est due à l'énergie avec laquelle vous en avez exigé la restitution ; la *Pallas de Velletri* s'embarque en ce moment à Naples et bientôt rejoindra le grand convoi d'objets d'art qui est à Mâcon.

« Un bâtiment parti du même port est allé à Palerme charger la célèbre *Vénus de Medicis :* ce chef-d'œuvre est en mer à cette heure, ou peut-être déjà rendu à Marseille.

« Ici je viens d'embarquer les statues colossales du *Tibre* et du *Nil*, les seuls articles cédés par le traité de Tolentino qui restaient à expédier : ils sont partis il y a trois jours, et bientôt la Seine contemplera avec orgueil les antiques images des fleuves dont les bords ont été tant de fois témoins des exploits de ses guerriers.

« Le bâtiment qui porte ces fleuves a chargé aussi les deux tableaux que vous avez ordonnés au peintre Boguet ; ils représentent l'un la *Bataille de Rivoli*, l'autre le *Passage du Pô, près Plaisance*.

« La cour de Naples fournit aussi son contingent ; elle prépare un présent composé de mosaïques et de peintures antiques, d'instruments de bronze propres aux sacrifices, aux bains, à la toilette et à la cuisine des anciens, de manuscrits en papyrus, en un mot, d'échantillons de tout ce que la précieuse collection de Portici présente de plus intéressant. Paris aura aussi son *Musée d'Herculanum*.

« De tous les points de l'Italie les chefs-d'œuvre de l'art antique se rendent dans nos ports pour aller enrichir ce Musée créé par la victoire et déjà si magnifique.

« Le supplément qu'il va recevoir, et dont l'entrée va signaler le commencement de la nouvelle année, est d'un prix inestimable, soit pour le nombre, soit pour le mérite des objets ; ils consistent principalement en :

« 50 tableaux des premiers maîtres des trois écoles ;

« 60 statues ou groupes antiques ;

« 42 bustes ou hermès de personnages célèbres;

« 50 bas-reliefs, parmi lesquels on distingue le célèbre *Antinous d'Albani* ;

« 100 urnes ou cinéraires avec inscriptions antiques ;

« Une collection d'architecture composée de 2000 morceaux ;

« Nombre de colonnes, de trépieds, vases, candélabres, etc ;

« Enfin un obélisque égyptien de granit rouge et orné d'hiéroglyphes.

« Cette énorme récolte d'objets d'art et la restitution faite à beaucoup d'individus français des effets qui leur avaient été enlevés par les Napolitains, tels sont, citoyen premier Consul, les résultats de la mission que m'avait donnée le gouvernement. Ma tâche étant remplie, je vais me rendre à mon poste, à l'administration du Musée, pour y aider à recevoir et placer ces richesses. Si, à mon retour, vous daignez honorer mon zèle et mon dévouement d'un témoignage d'approbation, ce sera pour moi la plus douce comme la plus flatteuse des récompenses.

« Salut et respect,

« *Signé :* L. DUFOURNY, de l'Institut national. »

« P. S.—Canova est en route pour se rendre à l'honorable invitation qu'il a reçue.

« Le géographe Zannoni, que j'ai tenté pendant mon séjour à Naples, est encore retenu par des engagements, mais il est ébranlé, et je ne doute pas qu'il ne vienne bientôt se réunir aux habiles gens qui rendent Paris le foyer des sciences et des arts. »

Paris, le 25 messidor an XI.

*Vivant Denon, membre de l'Institut national, direc-
teur général du Musée central des arts, de la monnaie des médailles, etc.*

♦ Au premier Consul.

« Citoyen premier Consul.

« La *Vénus* est enfin arrivée ! Après avoir été
arrêté par les glaces, le bateau sur lequel elle était
s'est engravé, il a fallu que j'envoie au-devant
d'elle ; je l'ai fait prendre par une allége qui l'a ame-
née de l'Allier sur la Loire dans le canal et enfin sur
la Seine. Elle n'a pu être déballée qu'aujourd'hui à
midi, elle est arrivée sans aucun accident, mais il
faut quinze jours pour la mettre en état. J'ai donc
remis à votre arrivée l'ouverture des nouvelles salles
du musée des statues. Jamais plus beau trophée de
victoire ! Entièrement dû à vos travaux, c'est à vous,
général, à faire l'inauguration de ce monument.

« Il y a une frise sur la porte qui attend une
inscription ; je crois que *Musée Napoléon* est la seule
qui y convienne. On a appelé le Musée Clémentin
celui que le pape Ganganelli n'a fait que de rassem-
bler. C'est vous qui avez formé, conquis et donné
celui-ci : comment votre nom ne serait-il pas attaché
à un si grand bienfait, à une si grande gloire pour
la nation ? Je n'ai pas voulu faire placer cette inscription sans vous en prévenir, mais j'ai pris sur moi
d'en faire jeter les lettres au bronze, et j'espère que

les Consuls me donneront l'ordre de les faire placer pendant votre absence.

« La médaille de la *Vénus* est faite et se distribuera le même jour que la statue sera vue du public.

. . . . . . . . . . . . . . . . . . . . . . . . . . . . . . . . . . . .

« C'est en m'occupant ainsi , général, que je regrette moins de n'avoir pas suivi votre marche triomphale , vos conquêtes d'un nouveau genre. J'espère que dans une autre expédition non moins glorieuse, vous voudrez bien me permettre d'aller sur-le-champ recueillir et constater pour l'avenir les documents de votre histoire.

« Agréez, général, l'hommage de mon profond respect.

« *Signé :* DENON. »

# TABLE




PARIS. — IMPRIMÉ CHEZ BONAVENTURE ET DUCESSOIS.
55, QUAI DES AUGUSTINS.